ICFを活用した介護過程と個別支援計画

高齢者・障害者の意思決定支援と本人中心型の計画づくり

大阪障害者センター・ICFを用いた個別支援計画策定プログラム開発検討会 編

かもがわ出版

まえがき	編集委員会
第1章	井上泰司（NPO大阪障害者センター）・石田京子（大阪健康福祉短期大学）・田中真佐恵（摂南大学看護学部）
第2章	小田　史（大阪健康福祉短期大学）
第3章	石田京子・小田　史
第4章	伊藤明代（大阪健康福祉短期大学）・小田　史・田中真佐恵
第5章	鴻上圭太（大阪健康福祉短期大学）・田中真佐恵
第6章	野上知恵子・兵藤正浩（社会福祉法人いずみ野福祉会） 竹内恵子・長谷川貞子・吉村亮太（社会福祉法人さつき福祉会） 事例編集　石田京子・伊藤明代
あとがき	井上泰司
巻末資料	石田京子・田中真佐恵
編集担当	小田　史・田中真佐恵
医療監修	眞鍋　穰（大阪健康福祉短期大学・阪南医療生協診療所所長）

執筆分担：50音順

[も・く・じ]

まえがき……………………………………………………………………………6

第1章　ＩＣＦを活用するための基礎知識……………………9

1）ＩＣＦの視点とは……………………………………………………10
2）ＩＣＦを活用することのメリット………………………………11
（1）対象者におけるメリット　11
（2）支援者におけるメリット　11
3）ＩＣＦの6要素を理解する………………………………………13
（1）健康状態　13
（2）心身機能／身体構造　13
（3）活動　14
（4）参加　14
（5）環境因子　14
（6）個人因子　15
4）加齢によるこころとからだのしくみの変化を理解する………15
（1）加齢による脳・神経系の変化　16
（2）加齢による聴覚の変化　17
（3）加齢による視覚の変化　18
（4）加齢による呼吸器の変化　19
（5）加齢による心臓・血管系の変化　20
（6）加齢による消化器系の変化　21
（7）加齢による腎臓系の変化　21
（8）加齢による運動器系の変化　22
（9）加齢による内分泌系の変化　23
（10）加齢による皮膚の変化　23
5）ライフサイクルの課題とは何か……………………………………23
（1）エリクソンのライフサイクル　24
（2）ユングのライフサイクル　24
（3）高齢期の課題　25
6）ＩＣＦ－ＣＹの特徴…………………………………………………25
（1）ICF-CYとは　25

　　　　（2）ICF-CY に追加された項目　　25

第2章　意思決定支援について …………………………………………………… 31

　1）意思決定支援とは何か …………………………………………………………… 32
　2）意思決定を尊重する～必要な支援を作り出すためには ……………………… 34
　　　　（1）意思疎通　　35
　　　　（2）意思形成（エンパワメント）　　35
　　　　（3）意思実現　　35

第3章　ICFを活用してみよう──ICF支援プロセスシートの作成 ……… 37

　1）支援プロセスシート作成のための生データの理解 …………………………… 38
　　　　（1）生データとは何か　　38
　　　　（2）生データで表現する意義　　38
　　　　（3）練習問題　　38
　2）支援プロセスシートの書き方 …………………………………………………… 39
　　　　（1）フェイスシート　　40
　　　　（2）ICF情報整理シート　　46
　　　　（3）ICF精神機能分類シート　　48
　　　　（4）ICF疾患関連図　　50
　　　　（5）ICFアセスメントシート　　52
　　　　（6）支援計画シート　　54

第4章　対象者の主観的体験から生活課題を引き出し支援計画を作成する …… 61

　1）主観的体験とは何か ……………………………………………………………… 62
　2）主観的体験から障害をとらえる ………………………………………………… 63
　　　　（1）医学モデルで障害をとらえる　　64
　　　　（2）社会モデルで障害をとらえる　　64
　　　　（3）統合モデルで障害をとらえる：「生きることの全体像」の中の障害　　65
　3）主観的体験から意欲・希望に変換する ………………………………………… 66
　4）意欲・希望から生活課題（ニーズ）を引き出す ……………………………… 67
　5）生活課題（ニーズ）のとらえ方 ………………………………………………… 67

- 6）目標とは何か ……………………………………………………………………… 69
  - （1）生活支援における目標　69
  - （2）意思決定を支える目標　70
- 7）目標の設定 ………………………………………………………………………… 71
- 8）支援計画の立案 …………………………………………………………………… 73
  - （1）支援計画はできる範囲で立案するものではない　73
  - （2）支援計画は６Ｗ２Ｈで立てる　74

第5章　評価 …………………………………………………………………………… 75

- 1）評価とは何か ……………………………………………………………………… 76
- 2）援助計画実施後の評価方法 ……………………………………………………… 76
  - （1）客観性のある記録について　76
  - （2）評価を行う際に、大切にしたい視点　77
  - （3）評価をさらに深めるために〜援助計画実施後の着目点　80
  - （4）評価軸の明示　83
- 3）誰のための評価か ………………………………………………………………… 84

第6章　ＩＣＦを活用した取り組みの実際 ……………………………………… 85

- 1）ＩＣＦを活用した高齢期の支援 ………………………………………………… 86
- 2）ＩＣＦを活用した取り組み──Ｂさんの事例 ………………………………… 87
- 3）ＩＣＦを活用した取り組み──Ｃさんの事例 ………………………………… 95

資料　ＩＣＦ疾患関連図①〜⑨ …………………………………………………… 103
引用文献・参考文献一覧 …………………………………………………………… 113
あとがき ……………………………………………………………………………… 116

イラストレーション（カバー、P17、24、39、48、50、52）：森　邦生

まえがき

　2014年、障害者権利条約の批准を受け、障害者支援にかかわるさまざまな制度の改定が行われています。障害者福祉分野では、次に挙げる2つの支援の原則が確立されようとしています。
　第1は、「意思決定支援」の重視と、障害に対する「合理的配慮」を含めた個別支援策の構築です。2017年に示された「意思決定支援ガイドライン」に基づいて「意思決定支援責任者」の配置が提起され、各事業者には意思決定支援を反映した個別支援計画等の提供が求められています。
　また虐待防止法の施行により、現場では身体拘束禁止について具体的な対応策が求められており、対象者を理解するための十分なアセスメントを経て、適切な支援を選択する重要性が強調されています。障害当事者の権利擁護の観点から、意思決定支援の実現は支援者の責務となります。
　第2に、支援を必要とする障害者の人生をトータルにとらえ、さまざまな分野の連携によるトータルな支援の構築の必要性が強調されていることです。
　幼少期、児童期では、医療的ケア児に必要な支援の提供が可能な体制を整備し、その生活の向上を図る医療的ケア児支援促進モデル事業が開始されます。高齢期の支援では、医療・介護・福祉が分野を超えて連携を図る重要性がさらに高まっています。
　障害福祉サービスと介護保険との関係では、他法優先を原則とし、65歳以上の介護保険優先対応へと制度移行が行われるなかで、「共生型サービス」の仕組みの構築をはじめ「支援の継続性」の担保が課題となっています。
　このようにそれぞれの分野が連携し、継続性のあるトータルな支援が、障害児・者、家族にとって、きわめて重要な施策となっています。
　これらの原則に基づく新たな障害者支援モデルの中核となるのがICF（国際生活機能分類）の理解と活用だと、私たちは考えています。一方「個人情報保護に関するガイドライン」の導入で、各分野の連携に必要な情報共有は極めて困難な状況にあります。そうした中で、ICF（国際生活機能分類）の分類コードは、各分野が連携する際、共通言語として利用者の状態像を共有するには極めて有効です。また、ICFを活用した情報収集、アセスメントは、利用者の状態像の経年的変化を把握する意味でも大きな役割を担うものとなります。
　ICIDHからICFへ、障害をとらえる新たな概念の誕生は、高齢者介護（介護福祉）に大きく影響を与えました。介護福祉の分野では、専門的かつ科学的な方法によって利用者の生活上の課題を明確にし、支援方法を計画、実施、評価するという一連の思考の過程を「介護過程」と呼んでいます。「介護過程」ではICFの考え方をいち早く取り入れてきました。「介護過程」は1999年に介護福祉士の教育課程に組み込まれ、利用者一人ひとりに適した質の高い介護実践を行うために必要なものとして位置づけられてきました。利用者の生活上の課題に対して、ICIDHでは機能障害を中心に支援を考えがちでしたが、ICFの特徴（人を生活機能と背景因子という多角的な視点

でとらえる）を活かした考え方に切り替える意図がありました。

　この介護過程の考え方を障害者福祉分野で応用すべくスタートしたのが、私たち「ＩＣＦを活用した本人主体の個別支援計画策定プログラム開発検討会」です。背景には、障害当事者本人の情報収集やアセスメントが不十分なまま、支援者の一方的な決めつけや根拠のない判断基準で形骸的な個別支援計画が氾濫していることへの危惧がありました。現在、年１回のファシリテーター研修を通して、ＩＣＦの考え方の理解と個別支援計画への応用を現場に普及させる取り組みを続けています。研修ではＩＣＦを活用した情報収集、アセスメントを実施し複数のシートを作成していく過程で、支援者自身の視点が多角的になり、利用者の捉え方が変わるという効果を多くの受講生が体感しています。

　ＩＣＦの活用は本書の中心課題である意思決定支援に大いに役立ちます。利用者の意思を汲み取ることが難しい場合、どのようなプロセスで意思決定支援を行うことができるのかは、障害者、高齢者を問わず支援者にとって共通の悩みでもあります。2018年には厚生労働省が「認知症の人の日常生活・社会生活における意思決定支援ガイドライン」を策定し、意思決定支援のプロセスを示しました。ここでは、認知症であっても適切な支援があれば、意思を表明し実現することが可能になること、そして、意思を形成する段階における支援や、人的・物環境を整備し、早期から継続的に働きかけることを求めています。ガイドラインは認知症の人に特化しているものの、意思決定支援の枠組みとしては障害者権利条約や「障害福祉サービスの利用等にあたっての意思決定支援ガイドライン」などを参考にしており、当事者の権利擁護や意思の尊重などの基本理念は共通しています。

　高齢者・障害者の意思決定支援においては、まず「その人を知る」ことから始まります。情報収集では客観的次元だけでなく、その人の思いや願いを含む主観的次元もとらえ、情報の意味やつながりを捉えながら、その人の生活課題を導き出す過程を丁寧にたどっていく必要があります。その人の全体像をとらえ、その人が望む暮らしに近づいていくための支援を検討し、実施し、評価する。そのプロセスがＩＣＦを活用した「介護過程」や「個別支援計画」そのものなのです。

　本書では実際の事例を用いて、「介護過程」や「個別支援計画」でＩＣＦを活用するプロセスをわかりやすく解説し、当事者の意思決定支援を中心に据えた本人主体の支援の計画の考え方のモデルを示すことを目的としました。「１つの事例でこんなに多くのシートを作るのか！」と驚かれるかもしれません。ＩＣＦのシート１つひとつには意味があり、飛ばしたり省略したりすると情報のつながりが見えず、本来の意味をなさなくなります。実際に活用する際には、根気強く「その人を知る」過程を丁寧にたどっていただきたいと思います。

　ＩＣＦに初めて触れるという方は『本人主体の「個別支援計画」ワークブック』も併せて、ＩＣＦの基礎から学ばれることをおすすめします。

第1章
ＩＣＦを活用するための基礎知識

1）ＩＣＦの視点とは

　障害者、高齢者いずれの支援においても、現場の課題に対応していくとき、基本的に求められることには共通点があります。それらが対人関係上の支援として位置づけられる限り、その主たる目的は「個人の尊厳」の尊重を前提とした支援であることはまちがいありません。さまざまな障害や疾病等で、さまざまな「生活のしづらさ」をもつ対象者に対し、支援という行為を通して、人としての尊厳をいかに守っていくかが課題となります（かつての「指導・訓練」「部分的な生活上のお世話」という視点とは異なるものです）。

　個人の尊厳の尊重とは、まずその人の存在を認め、お互いが尊重し合い（押し付けではなく）、同時に、個人の価値観や暮らしの自由を認め合うことといわれています。個人の尊厳を尊重するためには、対象者を理解することが不可欠です。

　福祉の世界では、本人の強みを活かす「ストレングス」モデルの支援も重要視されています。この「ストレングス」モデルとＩＣＦの特徴には、対象者の強みを活かすこと、環境に着目することなど、類似点があります。

　ＩＣＦは、以下のような障害を捉える視点を明らかにしました。

①生命・生活・人生を総合的にとらえる。
②プラス面を重視する＝マイナス（障害）はプラス（生活機能）のなかに位置づける。
③相互作用モデル。
④環境因子と個人因子。
⑤疾患・変調から健康状態へ。
⑥かたよらない統合モデル。
⑦生きることの全体像についての「共通言語」。

　そうした特徴をもつＩＣＦであるからこそ、①健康に関する状況、健康に影響する因子を深く理解し、②健康に関する共通言語を確立し、多様な関係者間のコミュニケーションを改善し、サービス内容の向上と当事者の自己決定権尊重に役立てることが可能となります。

　そのためＩＣＦでは、(1) 専門職と当事者間の「共通言語」、(2) 各種専門職間のチームワークのための「共通言語」、(3) 医療・保健・介護・福祉・労働・教育など各種サービス間の「共通言語」として、国・専門分野・サービス分野・立場・時期などの違いを超えたデータ比較を可能にする役割が強

ＩＣＦ
International Classification of Functioning, Disability and Health

　本書同様、大阪障害者センター・ＩＣＦを用いた個別支援計画策定プログラム開発検討会が編集した『本人主体の「個別支援計画」ワークブック――ＩＣＦ活用のすすめ』（2014年、かもがわ出版）。ＩＣＦの基本などについては同書を参照していただきたいと思います。本書では《ワークブック》と略します。

「ストレングス」モデル
　本人と環境の両方にある強さ＝ストレングスに注目し、人と人を取り巻く環境にある強さ＝ストレングスを中心にアプローチする考え方です。

調されています。

2）ＩＣＦの視点を活用することのメリット

ＩＣＦの視点を活用することは、対象者と支援者、双方にメリットがあります。いま強調されている「本人中心型支援」や「意思決定支援等」をすすめる点からも、ＩＣＦの視点を活用することの重要性を理解しておく必要があります。

（1）対象者におけるメリット

例えば、「障害がある。（だから）この支援が必要」→「歩けない（だから）車椅子を使う」という支援者の安易な発想では、押し付けの支援と何ら変わりないものしか生まれないでしょう。

障害者総合支援法も「障害者がサービスを選択し、サービスの対象者とサービスを提供する施設・事業者とが対等の関係に立って、契約に基づきサービスを利用するという新たな制度（**利用契約**）とするものである」というように、選択や自己決定の仕組みを重視しています。介護保険制度も同様で、利用契約を前提としています。現在の制度においては、対象者の自己選択・自己決定が原則となっているのです。

ＩＣＦでは、対象者の意思を客観的次元だけでなく、主体的次元も重視して全体像を捉えます。本人が何に困っているか、本人の生活の困難さに徹底的に着目して、本人の視点で支援を考えることを重視します。支援者がＩＣＦの視点で考えることによって、「障害」に対するマイナスイメージや運命的イメージが払拭され、対象者の「生活の困難さ」に着目した支援のニーズへの理解が深まります。同時に「**合理的配慮**」を検討する視点も磨かれていきます。

このようにＩＣＦの視点の活用は対象者にとってメリットとなります。

（2）支援者におけるメリット

一方で、ＩＣＦの活用は、支援者にも大きな意義があります。現在、支援者は、対象者のアセスメントを経て個別支援計画を立案し、利用契約を結ぶことになっています。この個別支援計画の作成にあたって、近年強調されているのが「意思決定支援」の重要性です。支援内容や事業所の選択等にあたって、本人の意思に基づいて決定することが重要であるという位置づけで、各

障害者総合支援法

障害者総合支援法とは、障害をもつ人が障害の有無にかかわらず日常的、社会的に生活できるように社会的な障壁を取り除く支援を総合的、計画的に行うという理念をもとに作られ、それぞれが社会的に生活できるよう相談でき、利用計画をたて、それに基づいたサービスが受けられることになっています。

利用契約

旧来の措置制度から、介護保険以降、福祉サービスの利用にあたる制度が転換され、決定された支給量に基づき、自分たちでサービスを選択して、個々に事業所と契約を結ぶことで、福祉サービスの提供を受けるようになりました。事業所サイドから支援計画等を提示し、その内容等に合意できる場合サービス利用契約を締結してサービス提供を受けることとなります。

合理的配慮

合理的配慮とは、障害のある方々の人権が障害のない方々と同じように保障されるとともに、教育や就業、その他社会生活において平等に参加できるよう、それぞれの障害特性や困りごとに合わせて行われる配慮のことです。障害者権利条約等で規定され、障害者差別解消法によりこの配慮を可能な限り提供することが、行政・学校・企業などの事業者に求められるようになっています。

事業所には**意思決定支援責任者**等の配置が求められ、本人の意思決定の実施に向けたチームでの取り組みも提起されています。

また、**障害者虐待防止法**の観点から、強度行動障害等をもつ対象者の支援の在り方が課題とされ、虐待防止マネジャー等の配置とともに、行動の背景の理解のための十分なアセスメントと、障害特性に合わせた支援の重要性が強調されています。

さらに、身体構造／心身機能の変化が起りやすい40代以上の障害者の高齢化も大きな課題となっています。急激退行と呼ばれる状況やダウン症・知的障害者の認知症の発症等、常に変化する状態像を的確に把握し、必要な支援につなぐ必要があります。自ら意思を主張することが難しい障害者や、認知機能テスト等では把握しづらい障害者の状態像の変化をアセスメントによって把握することの大切さが指摘されています。

このように、あらゆる場面で対象者の状態像の**経年的変化**の把握を行うアセスメントが重要であり、それらをチームで共有した継続的な支援の必要性が強調されています。そこで、医療・介護等に取り入れられてきた実績のあるＩＣＦのアセスメントの活用は、いま求められている課題に対応していく上で、極めて重要なツールとなります。より客観的に、科学的に対象者の状態像を明らかにしていくことは、支援者にとっても不可欠な条件となっていることを十分理解し、対応していくことが求められます。

意思決定支援責任者

2017年3月31日に出された「障発0331第15号 障害福祉サービスの利用等にあたっての意思決定支援ガイドラインについて」で、障害福祉サービスの具体的なサービス内容の要素として「意思決定支援」が含まれる旨を明確にしました。意思決定支援を適切に進めるため、事業者は意思決定支援責任者を配置することが望ましく、意思決定支援責任者は、意思決定支援計画作成に中心的に関わり、意思決定支援会議を企画・運営するなど、意思決定支援の枠組みを作る役割を担うものとされています。

障害者虐待防止法

障害者の虐待の予防と早期発見、及び養護者への支援を講じるための法律。2011年6月成立、2012年10月施行。正式名称は「障害者虐待の防止、障害者の養護者に対する支援等に関する法律」。虐待を、身体的虐待、性的虐待、心理的虐待、放置、経済的虐待の5分類とし、虐待の起こる場所を家庭内に限定せず、福祉施設や職場にも想定。虐待を行う者として、養護者の他、福祉施設の職員や職場の上司等も想定範囲に含めた対策の必要性を明記しています。

経年的変化

時間の流れによって様子が変化すること。年齢や環境の変化のなかで、障害の状態像も変化します。これを定期的に記録化することで、その変化に気づくことが重要です。

3）ＩＣＦの６要素を理解する

　本項では従来の構成要素の意味に加え、特に高齢期を理解するために必要な内容について説明します。

（１）健康状態

　高齢期には、特に**健康状態**に留意する必要があります。それは、加齢による変化のため低栄養、頻尿、えん下機能（食べ物などを飲み込む機能）低下、貧血などの**老年症候群**と言われる不調がみられ、長年にわたり慢性的な疾患や障害を抱えているためです。慢性的な疾患の中には、高血圧、高脂血症、糖尿病、腎臓病などのように無自覚で経過し、気がついた時には深刻な状態になっているというものがあります。

　また、心身の不調はさまざまな自覚症状となって現れ、若い頃とは違う訴えになります。例えば、肺炎やインフルエンザでも熱が出ず、なんとなく活気がないという以外は特に変わらず過ごし、急に意識がなくなるということもあります。薬をたくさん飲んでいる高齢者がいますが、薬の副作用の出方も若い頃と違ってくる場合があります。

　このように顕著な症状が出にくいため、健康状態、つまり体調の不調を常に意識し、情報収集する必要があります。

（２）心身機能／身体構造

　中でも特に気にかけたいことは、歯の本数や状態、歩き方や食べ方、排せつの状態などの生活機能です。「活動」にも含まれるのですが、心身機能／身体構造として意図的に確認しておくことが必要です。

　例えば歯の本数が減ると、咀しゃく機能（食べ物などを噛む機能）やえん下機能（食べ物などを飲み込む機能）が低下するという食事への影響があるだけでなく、噛む力は筋力と関係があるため、転倒しやすくなるとも言われています。

　また、加齢による筋力の低下により歩行能力が落ちてきます。それだけでなく、足の爪の異常のために歩行能力が落ちることもあります。「そういえば以前に比べてゆっくり歩くようになってきた」「歩き方が変だと思ったら足の爪が痛かったからだった」などが高齢者によくみられます。足の爪は、立っている時に身体を支えているため、爪に異常があるとスムーズに歩行が

健康状態

　疾患、障害、変調、ケガ、妊娠、加齢、ストレスなどが含まれます。

老年症候群

　加齢とともにあらわれる身体的及び精神的諸症状・疾患の総称。認知症、せん妄（ぼんやりして、平気でおかしなことを言ったり、興奮したりする）、うつ、脱水、低体温、むくみ、失禁（無意識のうちに便や尿が出てしまう）など、症状の総数は50種を超えるとされています。

心身機能

　身体の働き（手足の動き、精神の働き、視覚、聴覚などの機能など）であり、身体構造は身体の一部分の構造（手足の一部、内臓の一部など）です。身体の各部位における加齢変化については後述します。

できなくなってしまいます。

　認知的な側面では全般的に処理が遅くなります。中でも、同時に2つ以上の刺激に注意を向けるという注意の配分や、一定の記憶力などの低下が顕著です。これら認知的な側面の情報は、日ごろの生活行動を注意深く観察し、些細な変化に気づくことが大切です。

（3）活動

　長い年月のあいだに身についた、その人なりの生活習慣や価値観は、活動の細やかな部分に影響を及ぼします。長年、お箸で食事をとっていた人は、少し麻痺があってもお箸の使い方はスムーズにできます。長年、左手から洋服の袖を通す習慣がある人が右手の麻痺になった場合、右手から袖を通さなければスムーズに着ることができないのですが、なかなか左右の手の交換は難しいです。

　このように、ちょっとした行動やしぐさなど、身についたものは活動の随所に見られると思います。それをしっかり把握することが、個別性のある情報になります。

（4）参加

　高齢期は、身体および精神の健康・経済的・家族や社会とのつながり・生きる目的という4つを喪失する時期だと言われています。これらの喪失によってさらに人とのかかわりが減る可能性が高くなっています。しかし、必ずしも表面的に見える参加だけで判断することはよくありません。参加は、誰とも話をすることがなくても、そこに居ること自体が参加していることになる、そこに居ることで人びとに働きかけていると見ます。また、存在そのものが社会参加となっています。

（5）環境因子

　高齢者は身体的予備力が低下しているため、少しの環境の変化で健康が損なわれます。例えば感染症にかかりやすい環境ではないかという視点で、情報を得ることが必要です。また、環境は身体面だけでなく高齢者の生活のしやすさに影響を及ぼします。転倒を予防する設備や、高齢者にとってわかりやすい表示などに目を向けることが求められます。

　人的環境因子においては、支援者も環境因子であるとみます。つまり、支援者の高齢者観は対象者に強く影響を及ぼします。**エイジズム**をもつ支援者

活動
　歩く、食べる、排せつするなどのADL（日常生活動作）、家事をする、仕事をする、電車に乗るなどのIADL（手段的日常生活動作）、趣味、スポーツなどの余暇活動が含まれます。

参加
　対人関係、職場での役割、家庭での役割、文化的・政治的・宗教的集まり、地域活動への参加などが含まれます。参加についての詳細は《ワークブック》84頁を参照。

環境因子
　物理（物理的）環境、人的環境、社会的環境などが含まれます。

エイジズム
　年齢差別、特に高齢者に対する偏見と差別を言い、高齢者は

は、高齢者に対し歪んだ見方でみることになり、対象者にとって好ましくない環境因子となってしまいます。

また、制度や政策という環境因子にも注目しなければなりません。高齢障害者にとって、特に障害者総合支援法と介護保険法の2つの制度が大きく影響しています。

（6）個人因子

特にこれまでの人生経験、生活体験、価値観、生活習慣などが高齢期の生活に大きな影響を及ぼしているため、個人因子を丁寧にみていきます。高齢者は、高齢期のさまざまな変化に適応する際に、過去の生活や行動様式に従って適応を試みるとされています。一方で、過去の人生で生じた様々な出来事について、それがネガティブな出来事であっても、その意味を理解できるようになり、自分の人生全体の肯定につながるという考えかたが提唱されています。

高齢者にとって、生きてきた人生と残りの人生をどのように生き抜くか、それを支えるために特に個人因子が重要であると言えます。

4）加齢によるこころとからだのしくみの変化を理解する

加齢による身体的な変化は、おおむね40歳頃から（早ければ30歳後半から）すべての人に現れ、徐々に進みます。この変化は、身体の表面に現れず、検査をしてもわからないものも多いため、自覚した時にはかなり進んでいます。また、加齢による身体的な変化が基になり生じる病気も多くあり、ある日突然病気になったとしても身体の変化は発病の何年も前から起こっています。

対象者を支援する際には、加齢による身体的な変化を含み、アセスメントを行うことが大切です。この章では、代表的なものについて述べています。本書の事例では加齢による身体的な変化を情報として記載していますので、参考にしてください。

能力が衰え役に立たない等と否定的な見方で捉え、差別することを言います。

個人因子
その人固有の特徴のこと。年齢・性別・民族・生活歴（生育歴、学歴、職業歴、家族歴など）、価値観、ライフスタイルなどを含みます。

加齢と老化
加齢が誕生から成長・成熟・衰退を経て死に至るまでの全生涯の変化を範囲とするのに対し、老化は成熟期以降にみられる衰退を中心とした変化を指します。加齢と老化は同じ意味で用いられることもありますが、本書では広義の意味を持つ「加齢」を用いています。

脳のはたらき

脳は、神経伝達物質（アドレナリン、ノルアドレナリン、ドーパミン等）により情報伝達を行い、運動（活動）、感覚、思考、感情などを司っています。脳の神経細胞は再生される事はありませんが、機能を使う事によってネットワークが密に張り巡らされ、細胞は大きくなります。

≪脳卒中：観察のポイント≫

脳卒中の特徴的な症状（麻痺やしびれなど）は片側だけに起こりやすいため、片側だけに症状があるかどうかに注意します。軽度の場合は、本人の自覚があまりありません。日常生活の中で次のような事があれば脳卒中が疑われます。

・食事時－片側の口角から食べ物がこぼれる。お箸やスプーンを使いにくそうにしている。お箸やスプーンを落とす、いつもと違う持ち方をしている。

・笑った時に、顔面の筋肉の動きがぎこちない。笑顔がゆがんでいる。顔の半分に表情が出ない。

・スリッパや靴が、片方だけ履きにくい。

・話している言葉が、はっきりしない。言葉が出てこない。など。

≪認知症：観察のポイント≫

日常生活の中で次のような事があれば認知症が疑われます。

・季節に合わない服を着たり、シャツや上着のボタンを掛け

（１）加齢による脳・神経系の変化

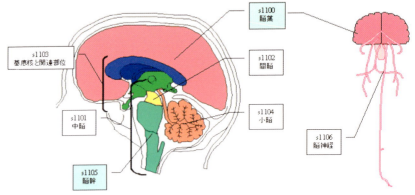

ICFイラストライブラリー「脳・神経」

①脳卒中は、大きく分けて脳梗塞、脳出血、くも膜下出血ですが、脳梗塞による心臓由来の大きな血栓が脳の血管で詰まって重篤な症状が起こる脳塞栓症や、脳梗塞と同じような症状が数分～数日以内で治まる一過性脳虚血発作等があります。

脳神経は頸部で交差して全身に張り巡らされているため、右脳の脳卒中は左半身に、左脳の脳卒中は右半身に後遺症を残しやすくなります。また言葉を話す機能のある言語中枢は左脳にある（左利きの人は右側にある人もいる）ため、左の脳卒中では失語症を伴うことも少なくありません。失語症には、言葉の意味は分かっているが話せない運動性失語症（ブローカー失語）と、言葉は話せるが意味が理解できていない感覚性失語症（ウェルニッケ失語症）があります。

以上のような脳卒中の後遺症により、今までの仕事や役割が果たせなくなります。また、介助が必要となるなど日常生活における変化が生じるため、自尊感情の低下を招くこともあります。脳卒中の後遺症には、片麻痺、言語障害（構音障害、失語症）のほか、右図のように情緒障害、高次脳機能障害、失行、失認（左半側空間無視）、感覚障害、視覚障害などがあります。

●脱水傾向になると脳梗塞を発症しやすいため、水分摂取量に注意をしましょう。夏季はもちろんのこと、冬季も最近は暖房が効き脱水になりやすいため観察が必要です。

●気温差により血圧の変動が生じ、脳出血の発症につながります。特に入浴時（浴室と、脱衣所）や外出時（夏場の外気と、冷房の効いたスーパーマーケット内）などは気温差が激しくなっています。冷房の温度設定、更衣室の

第1章　ＩＣＦを活用するための基礎知識

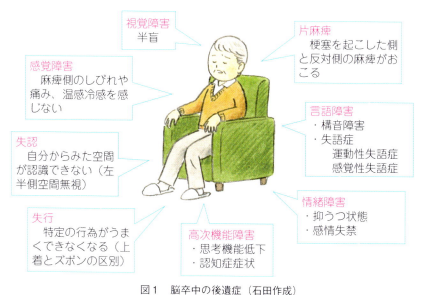

図1　脳卒中の後遺症（石田作成）

温度や湯の温度（41℃くらいに）、冬のトイレの温度等に注意しましょう。

②認知症は、脳萎縮によるアルツハイマー型認知症や、脳血管の疾患による脳血管型認知症、レビー小体型認知症、前頭側頭型認知症など、さまざまなタイプがあります。アルツハイマー型認知症は、軽度認知障害（MCI）の段階で発見すると、発症を遅らせることが可能な場合もあります。

加齢による「単なる物忘れ」と認知症の「物忘れ」の大きな違いは、『忘れた』ということを、覚えているか覚えていないかです。食べたことは覚えているが、何を食べたかを覚えていないのは「単なる物忘れ」で、食べたことそのものを忘れるのが認知症の「物忘れ」です。

（2）加齢による聴覚の変化

耳は音を受容し情報を得るための感覚器官です。難聴には、伝音性難聴（中耳や外耳の音の伝わる経路の障害）と感音性難聴（音を感じとる内耳や神経の障害）の2種類があり、加齢に伴う老人性難聴は感音性難聴です。高い音の聞き取りが困難になります。耳鳴りを伴うことも多く、大きい音だから聞こえるというわけでもありません。

また、平衡感覚を司る三半規管や蝸牛などの機能が低下すると、平衡感覚が鈍くなりバランスがうまくとれなくなります。そのため、高いところが苦手になったり、眩暈（めまい）が起こりやすくなり転倒につながります。

違えたりなど、服装に乱れが出てくる。今までオシャレだった人が、おしゃれをしなくなる。

・道に迷うことが増える。今までよく通った道でも迷う。

・新しいことが覚えられない。特に、新しい器械や道具の使用方法を教えてもらってもすぐに忘れてしまう。

・人の名前を忘れる。馴染みの関係の人の顔は覚えているが、名前が出てこない。親しそうに話していても、名前で呼ばないときは忘れている可能性がある。

・変化するものから忘れやすいため、自分の生年月日や昔からある祝日は覚えているが、今日の日付や約束は忘れることが多い。自分や子どもの年齢を忘れてしまうこともある。

・嗅覚機能が低下する。認知症を発症する数年前から嗅覚機能が低下すると言われている。今までどんな臭いに敏感だったか、嫌いな臭いや好きな臭いは何の臭いかなどを把握しておくことで、早めに気づく。

・認知症がすすむと視野狭窄が起こる。視野の周囲から段々見えなくなり、中心部だけが見えるようになる。話しかける時の位置によって気づかない時や、エレベーターに乗りにくそうにしている。

≪聴覚：観察のポイント≫

ふだんからテレビの音やラジオなどの音をどのくらいの大きさで聞いているかを把握してお

17

くと、老人性難聴の早期発見につながります。

　私たちは音によって自分の位置を確認しているため、難聴によって音の収集が上手くいかなくなると、自分の位置が確認できなくなります。暗がりや階段を降りる時などは、よりバランスがとりにくくなるため、階段を降りる時、物を持って歩く時のバランスのとり方を観察します。

　どれくらいの距離から呼びかけると聞こえているか、どちらの方向から呼びかけても聞こえているかを、ふだんから把握しておいて、いつも聞こえている距離や方向から呼びかけても気がつかない時は、難聴を疑います。

≪視覚：観察のポイント≫

①老眼；普段からどの程度の大きさの文字が見えているか、どの程度の手元の動作（針に糸を通す、携帯電話の操作等）が出来ているかを把握しておきます。それらの事がしづらい、手元から離して見ようとしている場合、老眼の可能性があります。また、それらの事が昼間はできていても、夕方以降、暗くなるとできない場合は、老眼の可能性があります。

②白内障；色の見え方が変わってきて、淡い色の区別がつきにくくなるため、色の区別が不明瞭な表示を見落とします。普段からその人の色の好みを把握しておき、色の好みが原色系に変化した場合は、白内障の発見に繋がることも多いです。その他、白内障では、太陽や電灯

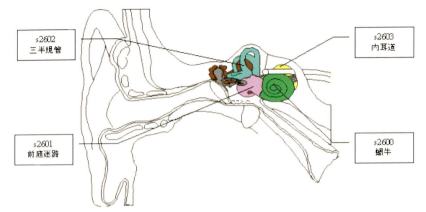

ICFイラストライブラリー「聴覚」

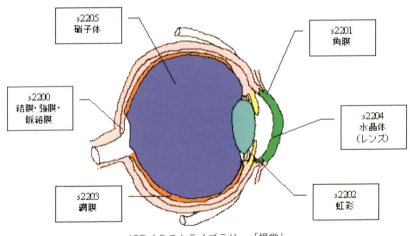

ICFイラストライブラリー「視覚」

　眼には、カメラのレンズの役割をする水晶体、絞りの役割をする虹彩、フィルムの役割をする網膜があります。網膜に移された映像は、電気信号に変えられ、視神経を通じて脳に送られます。眼球の中は、硝子体というゲル状の物で満たされています。

①老眼：加齢に伴い、瞳孔の大きさを調節する筋肉が弱くなり瞳孔が縮小気味になります。また水晶体の厚みを調節する筋力も弱まり、ピント調節に障害が起こります。これらのため、暗いところや細かい字が見えにくくなるのが老眼です。

②白内障：水晶体が白濁または黄濁して視力や視覚の質が低下します。

③緑内障：眼圧が上昇して視神経に損傷を起こし、視野狭窄や視野欠損が

生じ失明に繋がります。緑内障には、発作的に突然眼圧が上昇する急性緑内障があり、眼の激痛、充血、頭痛、嘔吐の症状があらわれます。急性緑内障は短時間で失明に繋がる病気のため、すぐ専門医の治療を受ける必要があります。その他に、視界の中心が変形して起こる加齢黄斑変性症があり、視界の中心が暗く見えにくくなったり、欠けたり、歪んだりします。

（4）加齢による呼吸器の変化

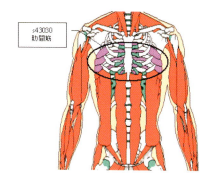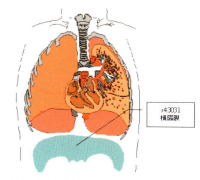

ICFイラストライブラリー「呼吸器」

①横隔膜や肋間筋など呼吸運動に関わる筋力の低下；呼吸筋には肋間筋と横隔膜があり、加齢に伴い筋力が低下すると咳をする力が弱くなり、痰の喀出が上手くできず肺炎を起こしやすくなります。また嚥下機能も低下し、誤嚥したものを咳で排出する力が低下し、誤嚥性肺炎を起こしやすくなります。

②気管・気管支の加齢による変化；気管の粘膜にある線毛の動きが鈍くなり、異物や病原体を外に排出する機能が低下し、感染症にかかりやすくなります。加齢による免疫力の低下とあいまって、風邪（上気道炎）やインフルエンザにかかりやすくなります。

平熱を把握しておきましょう。高齢になると身体の基礎代謝が低下し、エネルギーの産生が低下するため平熱が低くなります。その上免疫力も低下するため、風邪やインフルエンザ、肺炎にかかっても高熱が出ないことがあります。平熱が35℃台であれば、37.5℃以上は高熱と考えても良いでしょう。38℃以上にならないからと安心していると重篤な状態になってしまうことも少なくありません。

これらのことは、免疫力が低下している障害者（児）にも同様にみられます。

の光がまぶしく感じられるため、逆光になる位置に人が立った場合は、ボーっとした輪郭になり幽霊のように半透明に見えることもあります。

③緑内障と加齢黄斑変性症；視野狭窄や視野欠損があると、そこにあるものに気づきにくくなり、つまずいたりぶつかったり忘れたりします。廊下や道でつまずくことや物や人にぶつかる事が多くなった時、忘れ物が増えた時は視野欠損を疑います。また大量の水分（1ℓくらい）を一度にとったり、長時間うつむいていたり、過剰な興奮や襟元のきつい服は悪化に繋がるため、避けるようにします。

≪呼吸器：観察のポイント≫

普段からどの程度大きな声が出せるかを把握しておき、普段と同じ大きさの声が出せない時は、横隔膜や肋間筋の筋力低下、何らかの肺機能の障害による肺活量の減少が考えられます。

一息でどの程度の長さを話せるか（一息で数字の1からどこまで数えられるか）、歌を歌うときの息継ぎをどこで行うかを把握しておきます。一息で話す言葉が短くなったり、息継ぎの時間が短くなったりしたときは、肺機能の低下が考えられます。ゴム風船や吹き戻し笛を使って、肺活量や呼吸筋の筋力を把握しておくのも良いでしょう。

食事時、むせの見られた人がむせなくなったときは、呼吸筋や横隔膜の筋力低下、咽頭反射の低下を疑います。むせなく

なって良かったと思って放置すると、気がつかないうちに誤嚥性肺炎を起こしてしまい、発症してから誤嚥していたことに気づくことになります。

【咳が多いのはいつ？】
・起床後～午前中：気管支炎、胃食道逆流症
・就寝後または夜明け前：気管支喘息、アトピー喘息、心不全
・1日中：かぜ風邪、COPD
・食後：誤嚥性肺炎

【痰が出ない咳】
・気管支喘息の発作
・はい肺けっかく結核
・気胸（息苦しさ・胸痛を伴う）

《心臓・血管系：観察のポイント》
　心臓を大事にして生活するには、体の中の水分の管理と血圧の管理が重要になります。体内の水分量は、体重測定がわかりやすく、2～3日に2～3kg増加した場合は数日以内に医師の診察を受けたほうが良いでしょう。飲む量や尿回数を気にかけておくことが必要です。
　心不全の観察は図を参考にします。
　その他、下記のような徴候がないか、体重や尿の出方とあわせて観察します。

①息切れ：咳が出るようになった。痰が多い。いつもの動作なのに息が上がり、苦しそうにしている。夜寝付いたあと2、3時間後に息苦しくて目が覚める。
②むくみ（心臓へ血液の戻りが少なく、全身に滞っている状態）：お腹が張る。便秘や下痢が続く。食欲がない、食べ

表1　痰の性状と疑われる疾患

透明なサラサラした痰	気管支喘息、気管支炎
薄い黄色い痰	ウイルス感染、細菌感染 ＊量が増えたり、色が濃くなると要注意
緑色のネバネバした痰	緑膿菌による感染
血痰（鮮紅色）	重症の肺炎、肺結核
細かい泡状の痰	心不全

（5）加齢による心臓・血管系の変化

①心臓を動かしている筋肉（心筋）が分厚くなって、心臓が大きくなると、心臓のパワーは落ちます。分厚くなるぶん、酸素消費量が増えるためです。また、心臓の中の血液逆流弁が緩み、うまく心臓から全身に血液を送り出せなくなります。そこで、疲れやすくなります。この図の3点が心不全の重要なサインです。

息切れ
（20回/分以上の呼吸、夜間の息苦しさ、起坐呼吸＊）＊寝ると息苦しく、座っていると少し楽な状態

むくみ
（アキレス腱や足首全体をチェックし、指で押すと戻るのに40秒以上かかる）

だるさ
（あまり動いていない、よく休憩する、食欲がない、最高血圧が低下）

図2　心不全のサイン（田中作成）

②血管が狭くなります（いわゆる動脈硬化）。そのため心臓の血管がふさがります。狭心症や心筋梗塞では、胸痛や圧迫痛、冷や汗、食欲がない、元気がないなどが起こりますが、高齢になるとはっきりした痛みを感じにくいこともあります。

③血管（静脈）の逆流防止弁が緩み、静脈瘤が起こり青紫の血管が浮き出ます。

④起立性低血圧（立ちくらみ）は、心臓への血液の戻り（還流）が悪くなるため、よく起こります。

（6）加齢による消化器系の変化

①ドライマウス：だ液の分泌が減り、口の中が乾きます。
②逆流性食道炎：胃の入り口部分の筋肉が弱くなり、胃から食道に逆流します。
③胃：胃液の分泌が低下するため、消化時間が長くなります。胃もたれが起こります。また、胃がんは大腸がんよりも進行が速く、初期には症状がほ

第1章 ICFを活用するための基礎知識

とんどありません。

④小腸・大腸：腸液の分泌低下や、蠕動運動が低下します。そのため、栄養の吸収能力が低下し、大腸がんが発生しやすくなります。

⑤便秘：3日以上排便がない、便が硬いなどのときです。便を押し出す反射の低下や、蠕動運動の低下によって、高齢者は便秘しがちです。便秘には様々な種類があり、腸の中にできた腫瘍などで通りが悪くなっている場合（器質性便秘）と、腸の動きに問題がある場合（機能性便秘）に大きく分かれます。

腸の動きの問題の中でも高齢者に多いものは、蠕動運動の低下によって便が大腸を通過する時間がかかりすぎて、便が固くなり出にくくなっている便秘（弛緩性便秘）です。また、便意を我慢する習慣を続けた結果起こる便秘（直腸性便秘）もよくみられます。

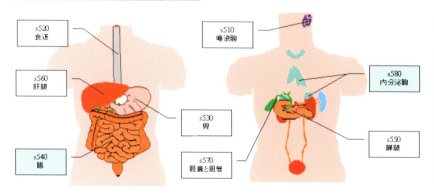

ICFイラストライブラリー「消化器」

（7）加齢による腎臓系の変化

①腎臓は、尿を作っています。加齢によって腎臓の働きが低下すると、体の中の水分（血液の量）の調節や老廃物の排せつが低下します。そのため、体の中の水分が過剰になりむくみがでます。また、体の中に毒素が貯まりやすくなり、薬の効き目が必要以上に出てしまいます（＝副作用が起こりやすくなります）。

②尿を濃縮する力が落ちるため薄い尿がたくさん作られます。また、膀胱（尿をためる器にあたる）内圧に対する反応が過敏になり、1回の量は少ないが何回もトイレに行くことになります（神経因性膀胱）。尿は夜間に濃縮されるため、若いうちは夜トイレに行くことはなくても、高齢者は夜間トイレに行くことが増えます。

る量が減った。頸の静脈が浮き出るのが目で見てわかる。
③だるさ（心臓から全身に送り出す血液量が低下している状態）：すぐに疲れる。一日中ずっと眠い。

《消化器系：観察のポイント》

ドライマウス：舌や唇のひび割れ、口臭が強い、しゃべりづらい、飲み込みにくいなどが表れます。舌下腺・顎下腺（顎の骨の下の窪み部分）を指でマッサージをすると、唾液が出てきます。

逆流性食道炎：胃の入り口にある逆流防止の括約筋が弱くなり、酸っぱい液体が上がってくる、ゲップが出るなどがみられます。胸やけ、胸のつかえ感を訴えることが多いです。

がん：1か月で数キロ体重が減った場合は、要注意です。特に大腸がんでは、便自体が赤い場合や黒い場合、便が細くなる、排便後も便が残った感じなどがみられます。

腸閉塞：突然の腹痛、吐気・嘔吐、キリキリする腹痛が強弱を繰り返します。

蠕動運動：大腸でつくられた便を先へ送る動きをいいます。

《腎臓系：観察のポイント》

むくみ、尿回数、夜間の尿回数、残尿、尿漏れ、排尿困難（尿が出にくい）などを観察します。腎臓が悪い時の「むくみ」は、足よりも顔面に強く出ることが多いです。「太ったな」と感じた場合、それはむくみかもしれません。

尿が出にくくなる排尿困難

は、さまざまな原因で起こります。前立腺肥大症は、高齢の男性にとてもよく起こります。尿がなかなか出ず、ちょろちょろとしか出ないなどが表れます。その他の主な症状は、巻末資料⑦のセルフケアの項目を参照してください。

《運動器系：観察のポイント》

サルコペニア：歩く速度が遅くなった、以前より長く歩けなくなった、転倒した（転倒しそうになった）、立ち上がりがスムーズにできない、握る力（握力）が弱くなったなどが見られたら、要注意です。

圧迫骨折：腰痛や背部痛が生じ、背中や腰が曲がる原因になります。

関節の動き：肩が上がらない、背中に手が届かない、正座ができないなどがみられます。

膝の関節：膝の痛み、腫れ（水がたまる）、膝を曲げる動作が難しくなります（特に、正座やしゃがむ動作）。

筋力低下や関節の動きの不自由さなどが生じると、転倒しやすくなります。このほかにも、足の爪の異常がある、足のタコ・ウオノメ・傷がある、姿勢が悪い、杖をついている、5種類以上の薬を飲んでいるなどがあれば、要注意です。

抗重力筋：腹筋、臀部の筋肉、太ももの前面の筋肉などの総称です。

③膀胱の尿が全部出しきれず、残尿が起こります。また、前立腺肥大症などによって尿を出す機能に影響が生じ（男性に多い）、排尿困難が起こります。一方で、膀胱周囲の筋肉が緩み、尿をためる機能に影響がでるため（女性に多い）、尿漏れが起こりやすくなります。

（8）加齢による運動器系の変化

①筋肉量減少と筋力低下をきたした状態をサルコペニア（筋肉量減少症）と言います。骨格筋の筋肉量は40歳ごろから緩やかに減少します。特に、抗重力筋と言われる筋肉が加齢によって萎縮します。サルコペニアは多くの老年症候群（高齢者に多く見られるさまざまな症状や所見）を引き起こし、身体機能や認知機能の低下につながります。

②平衡機能が低下し、体のバランスを保ちにくくなり、めまいを感じやすくなります。

③瞬発力が低下し、何かに反応してからの動きが鈍くなります。

④関節の動く範囲（関節可動域）が狭くなります。

⑤関節軟骨の弾力性（クッション性）が低下するため、痛みを生じやすくなります。中でも、変形性膝関節症は代表的な病気です。50歳以上の男女、特に女性に多いです。人が歩くときには、体重の約3倍の力が膝にかかります。この病気が肥満の方に多いということがわかります。膝に痛みがあると、どうしてもあまり動かなくなりますが、そのぶん足の筋肉が衰えていき、さらに膝に負担がかかります。そのため、膝をかばうより動かしたほうが痛みの軽減につながります。しかし、膝の状態によって適切な運動が異なるため、医師に相談することが必要です。

⑥特に女性では、骨量が著しく減少し、骨粗鬆症になりやすく、ちょっとしたことで骨折を起こしてしまいます。骨をつくるのはカルシウムだけではありません。ビタミンD、ビタミンKも必要で、さらに運動や適度な紫外線がなければ骨の形成につながりません。

（9）加齢による内分泌系の変化
①橋本病とバセドウ病

表2　橋本病とバセドウ病の特徴（田中作成）

	橋本病	バセドウ病
ホルモン分泌	・甲状腺ホルモンが減少	・甲状腺ホルモンが過剰
主な症状	・皮膚が乾燥する ・よくウトウトする ・便秘がち ・無気力やもの忘れ	・高血圧 ・頻脈（だが、高齢者では出にくい） ・代謝が亢進し、体温が上がる（高齢者では体温は上がらない）

　ホルモンは、全身のさまざまな細胞のはたらきを調整しています。加齢によって多くのホルモンの分泌が減るため、その調整を受ける細胞や臓器のはたらきは悪くなります。
　②糖尿病は、血液の中の『糖』が下がらない病気です。血液から細胞に『糖』が運ばれないことで、エネルギーが産生されず、細胞の働きが低下する病気です。そのため初期には症状がありませんが、全身の障害に結びつく恐ろしい病気です。特に、長く続く高血糖で一番障害を受けるのが細い血管と神経です。腎臓・網膜（目）・神経（特に手先・足先）の障害が大きく現れます。その他、心筋梗塞や脳卒中の発症や、感染しやすくなります。

（10）加齢による皮膚の変化
　①皮膚の表面が薄く粗くなって、わずかな刺激でもはがれやすくなります（表皮剥離）。また、細菌がすぐに侵入して、感染を起こしやすくなっています。皮膚の乾燥や、かゆみを伴うことも特徴です（老人性乾皮症、老人性皮膚掻痒症）。
　②顔や背中、手足などで皮下脂肪が減少するため、皮下出血が起こりやすくなります。
　③皮膚の神経が減り、気温や痛みへの反応が鈍くなっています。そこで、自分では熱さや痛みを感じにくく、低温やけどや傷の悪化を招きます。
　④汗や皮脂の分泌が減り、体温の調節機能が低下します。
　⑤爪のトラブルが生じやすく、もろくなります。

5）ライフサイクルの課題とは何か

　ライフサイクル論は、E. H. エリクソンによって提唱された発達段階理論

《内分泌系（ホルモン分泌）：観察のポイント》
　傷の治りが悪い、筋肉が減る、免疫低下、ストレスに弱い。ホルモンの異常は、多くが初期は無症状で、元気がない、疲れやすいなど、はっきりしない形で訴えられます。
　加齢によりホルモンの分泌低下がある高齢者は、上手にストレスを発散することで、ストレスに対抗するホルモンのバランスが良くなり、身体全体の調子が整います。また適度な運動は、ストレス発散につながるだけでなく、成長ホルモンの分泌を促します。成長ホルモンは、筋肉量や骨密度、意欲や記憶という脳の活動などを活発にするホルモンです。
　甲状腺ホルモン：代謝を促し、体を元気にするホルモンです。

≪皮膚：観察のポイント≫
　爪の変化：加齢によって爪は分厚くなるがもろくなります。また、巻き爪や爪白癬（爪の水虫）になりやすくなります。
　脱水：高齢者は、皮膚の細胞中の水分量が少ないため、皮膚が乾燥してカサカサしています。皮膚だけでなく全身の細胞の水分量が減っている状態にあるため、脱水症をおこしやすく、起こしたときに重症になりやすいという特徴があります。
　脱水の見つけ方（脱水の目安）
・わきの下を触ってみると、乾いている。
・胸の部分の皮膚をつまんでみると、元に戻らず皮膚が立っている。

23

・舌や口の中を見ると、渇いている。
・ふだんより尿の量や回数が少ない。
などです。

です。さまざまな心理学者がライフサイクルの段階の発達課題を提唱していますが、代表的なものとして、E. H. エリクソンとC. G. ユングのライフサイクルの発達課題を紹介します。

(1) エリクソンのライフサイクル

エリクソンは、人生を8つの発達段階に分け、個人の発達は社会との相互作用で起こるとしています。各発達段階では、発達課題と危機が両方とも存在し、そのせめぎあいの中で、危機よりも発達課題の力が強くなることで、社会の中でよりよく生きていく力が獲得されると、考えられています。そして、このせめぎあいは、どの発達段階でも存在しており、発達課題を達成する力が危機を乗り越えられるような経験を積み重ねていくことが大切といわれています。

(2) ユングのライフサイクル

ユングは、人の人生を1日の太陽の動きと合わせて発達を考えています。40歳を人生の正午として人生を4つの時期――少年期、成人期前半、中年、老人――に分けています。

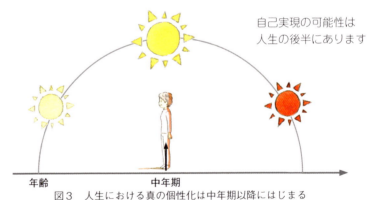

図3　人生における真の個性化は中年期以降にはじまる
（social-edus.net/201709yamakid6/ をもとに改変）

東を向いた人を想像してみてください。人生の前半は、前に光が当たり、後半は背中に光が当たる状態です。これは、人生の前半では目に見える成果や成長が課題となり、後半では内面の充実（成熟）にこそ発達課題があるという考え方です。そして、それぞれの期の転換期に危機があるとしています。その危機の中で、午前から午後への転換期である中年への転換期が、人生で最大の危機とされています。

（３）高齢期の課題

高齢期は、「衰退」と「完成」と「継承」が混在している時期であると言えます。その人の人生がどのように終われば「完成」といえるのか、その人の人生の何を「継承」するのか、その人の「衰退」のプロセスがどのようになっていくのか、これらを支援者としてどのように支援していくのかが問われます。

支援者として、高齢期の課題を適切に支援するためには、高齢期の心理的・身体的変化に対する知識を充実させることと同時に、その人を取り巻く環境の調整や自分自身の価値観や倫理観も研鑽していく必要があります。高齢期の課題は、それが独立して存在するのではなく、幼少期や青年期からの発達課題の上に存在するものです。

6）ＩＣＦ-ＣＹの特徴

（１）ＩＣＦ-ＣＹとは

ＩＣＦ-ＣＹは、「児童の障害や健康状態の出現の仕方は成人の場合とは性質や程度、影響が異なる。このような違いを考えに入れて、分類の内容が発達に関連する変化に敏感であるよう、また、さまざまな年齢層や環境の特徴を網羅するよう」に、児童・青少年版として開発されました。

このように、ＩＣＦ-ＣＹには、成長・発達の視点や、それに影響する環境因子なども追加されています。また、ＩＣＦ-ＣＹでは、「障害とは、人と物的環境および社会的環境との相互関係の結果生じる多次元の現象」と捉えられています。

（２）ＩＣＦ-ＣＹに追加された項目

※ここでは追加されている項目のみ記載します。表では、０の数が多いほど詳細項目になっています。

①身体構造

		000	0000	00000
第1章	神経系の構造	脳の構造	白質の構造（CY）	脳梁
第3章	音声と発話に関わる構造	口の構造	歯 人中（CY）	乳歯（CY） （鼻と口の間の縦溝）
第7章	運動に関連した構造	頭頸部の構造	頭蓋の骨	（頭蓋骨間の）縫合CY） 泉門（CY）

「衰退期」でもあり、「完成期」でもあり、「継承期」でもある。
特に認知症や知的障害のために、自分自身でこの「完成」「継承」「衰退」の課題を乗り越えられない方にとって、支援者の存在は大きく影響します（『介護福祉ハンドブック45　高齢者の心理』一橋出版、29頁）。

幼少期や青年期からの発達課題
植田章は「豊かな老年期は、豊かな青年期の上に成り立つ」と主張しています（『知的障害者の加齢とソーシャルワークの課題』）。

ICF-CY(International Classification of Functioning, Disability and Health, Children and Youth Version、国際生活分類児童版）は、2007年、WHOから公表されたICFの派生分類です。日本語版は2009年に発行されました。

●白質の構造－脳梁

　脳は右脳と左脳に分かれていますが、その両方が相互に関係しあいつつ、一つの動作（紐を結ぶ・財布からお金を出すなど）となり、日常生活を送っています。その連絡路の中心が脳梁です。また、脳梁は「高次機能」や「認知機能」の一部も担っています。はいはいなどの左右交互に動くことが、脳梁を発達させます。特に思春期に発達します。

大泉門

　頭頂部付近にある。ひし形で、柔らかくぶよぶよしています。膨らみやへこみで、体調の変化の目安になります。

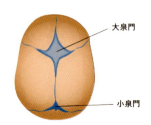

図4　大泉門と小専門

●頭蓋の骨－泉門－大泉門と小泉門

　左図は、新生児（生まれて2週間以内）の頭を上からみた図です。生まれた時は、頭蓋骨が柔らかく閉じていません。小泉門は生後2～3ヶ月、大泉門は生後10か月～1歳半くらいまでに閉じます。

②心身機能

			○○○	○○○○
第1章	精神機能	全般的精神機能	意識の機能 見当識機能 素質と個人特有の機能（CY）	覚醒状態の制御（CY） 物（もの）に対する見当識（CY） 空間に関する見当識（CY） 順応性 反応性 活動水準 予測可能性 持続性 親近性
		個別的精神機能	精神運動機能 基礎的認知機能（CY） 言語に関する精神機能	精神運動機能の組織化（CY） 利き手の確立（CY） 利き目、利き足の確立（CY） 〈含まれるもの〉 象徴、知ること、推論することの認知的発達の機能 〈除かれるもの〉 高次認知機能 ジェスチャーによる言語の受容（CY） ジェスチャーによる言語の表出（CY）
第4章	心血管系・血液系・免疫系・呼吸器系の機能	心血管系と呼吸器系の付加的機能と感覚	その他の呼吸機能	気道粘液の産生（CY） 気道での粘液の移動（CY） 〈含まれるもの〉 吹くこと、口笛、口呼吸
第5章	消化器系・代謝系・内分泌系の機能	消化器に関連する機能 代謝と内分泌に関連する機能	摂食機能 内分泌機能	反すう（CY） 思春期に関する機能（CY） 　体毛と陰毛の発達 　乳房と乳首の発達 　陰茎・精巣（睾丸）・陰嚢の発達

			標準的な成長維持機能（CY）	〈含まれるもの〉 低身長症　巨人症
第6章	尿路・性・生殖の機能	性と生殖の機能	月経の機能	月経の開始（CY）（初潮に関する機能）
第7章	神経筋骨格と運動に関連する機能	運動機能	自発運動（CY）	全身機能 特定の自発的運動

※利き手は4歳ころに確立、利き足は7〜11歳くらいに確立するといわれています。

③活動

			000	0000
第1章	学習と知識の応用	目的をもった感覚的経験	その他の目的のある感覚（CY）	注意して口で感じること 注意して触ること 注意して嗅ぐこと 注意して味わうこと
		基礎的学習	ものを使うことを通しての学習（CY）	1個のものを用いた単純な行為を通しての学習 2個以上のものを関連付けた行為を通しての学習 特徴に注目して2個以上のものを関連付けた行為を通しての学習 象徴遊びを通しての学習 ごっこ遊びを通しての学習
			情報の獲得（CY）	〈除かれるもの〉 概念の習得　技能の習得
			言語の習得（CY）	単語や意味のあるシンボルの習得 単語を組み合わせて語句にすること（の習得） 構文の習得
			付加的言語の習得（CY）	〈除かれるもの〉 言語の習得 コミュニケーション
			概念の習得（CY）	基本的概念の習得 複雑な概念の習得
			読むことの学習	図・図像（アイコン）などのシンボルや文字、単語を認識する技能の習得（CY） 書き言葉（単語・語句）を音読する技能の習得（CY） 書き言葉を理解するための技能の習得（CY）
			書くことの学習	筆記用具を使う技能の習得（CY） シンボルや文字を書く技能の習得（CY） 単語や語句を書く技能の習得（CY）
			計算の学習	数・数学記号・シンボルを認識する技能の習得（CY） 数えることや順序付けること等の数に関する技能の習得（CY） 基本的な計算技能の習得（CY）

		知識の応用	注意を集中すること	人の接触、顔、声に注意を集中すること（CY）
			思考	環境の変化に注意を集中すること（CY） 見立てること（CY） 推測すること（CY） 仮説を立てること（CY）
			読むこと	読む過程で必要な一般的技能や方略（ストラテジー）を用いること（CY） 書き言葉を理解すること（CY）
			書くこと	書く過程の一般的技能や方略（ストラテジー）を使うこと（CY） 作文を書くときの文法や習慣的な約束事に従うこと（CY） 作文を完成させるために一般的技能や方略（ストラテジー）を使うこと（CY）
			計算	計算の過程の簡単な技能や方略（ストラテジー）を使うこと（CY） 計算に必要な複雑な技能と方略（ストラテジー）を使うこと（CY）
第2章	一般的な課題と要求		単一課題の遂行	単純な課題の達成（CY） 複雑な課題の達成（CY） 一人での複数課題の達成（CY） グループで複数課題の達成（CY）
			日課の遂行	日課の変更の管理（CY） 自分の時間の管理（CY） 時間的な要求に従うこと（CY）
			自分の行動の管理（CY）	要求に応えること（CY） 人や状況への接近（CY） 予想可能な行動をすること（CY） 活動水準を適合させること（CY）
第3章	コミュニケーションの理解		話し言葉の理解	人の声への反応（CY） 簡単な話し言葉の理解（CY） 複雑な話し言葉の理解（CY）
	コミュニケーションの表出		言語以前の発語（喃語の表出）（CY） 歌うこと（CY）	
第4章	移動・運動	姿勢の変換と保持	基本的な姿勢の変換	寝返り（CY）
		物の運搬・移動・操作	細かな足の使用（CY）	
		歩行と移動	移動	滑ることと転がること（CY） ずり足歩行（CY）
		交通機関や手段を利用しての移動	交通機関や手段の利用	交通手段としての人の利用（CY）
第5章	自己管理	セルフケア	食べること	食べることの必要性の意思表示（CY） 食べることの適切な遂行（CY）
			飲むこと	飲むことの必要性の意思表示（CY） 母乳を吸うこと（CY） 哺乳瓶からミルクを吸うこと（CY）
			健康に注意すること	健康の維持 ・服薬をきちんと行ったり健康上の助言に従うこと（CY）

				・養育者や専門家の助言や助力を求めること（CY）
				・薬物やアルコールの乱用のリスクを回避すること（CY）

※喃語とは、子どもがはっきりした言葉を話す前にしゃべる言葉です。言葉の発達には、聴覚機能や視覚機能、環境因子（話しかけてくれる人がいる・話を聞いてくれる人がいる・自分の言葉に反応してくれる人がいる等）の影響が大きく、個人差が大きくなります。

【生後2～3か月】クーイングという「あ～」「う～」などの声を出す

【生後4か月】母音をつなげた「あーあ」「うーう」などの声を出す

【生後5か月】「ぶー」「だー」「ば」など子音を含む言葉を発する

【生後6～7か月】「まんまん」「だーだーだー」など、同じ音を重ねた喃語を発する

④参加

			000	0000
第6章	家庭生活	家事	調理 調理以外の家事	食事の準備の手伝い（CY） 食事の準備以外の家事の手伝い（CY）
		家庭用品の管理および他者への援助	家庭用品の管理 他者への援助	家庭用品の管理の手伝い（CY） 他者の援助への手伝い
第7章	対人関係	一般的な対人関係	基本的な対人関係	対人関係における合図 ・社会関係の中で生じる、目配せや、うなずきなどのサインとヒントを適切に用いたり、それに対応したりすること ・社会的な対人関係の開始（CY） ・社会的な対人関係の維持（CY） 対人関係における身体的接触（CY） 親しい人の判別（CY）
第8章	主要な生活領域	教育	就学前教育（CY）	就学前教育への入学（CY） 就学前教育の履修に必要なこと（CY） 就学前教育内容の習得（CY） 就学前教育の修了（CY）
			就学前教育時の生活や課外活動（CY）	
			学校教育	学校教育への就学・進学・進級（CY） 学校教育の履修（CY） 学校教育の内容の習得（CY） 学校教育又は学校レベルの修了（CY）
			職業訓練	職業訓練の開始・進級（CY） 職業訓練プログラムの履修に必要な諸活動の遂行（CY） 職業訓練プログラムの内容の習得（CY）

				職業訓練の終了（CY）
			高等教育	高等教育への進学・進級（CY） 高等教育の履修（CY） 高等教育内容の習得（CY） 高等教育の修了（CY）
			学校生活や関連した活動（CY）	
		経済生活	遊びにたずさわること（CY）	一人遊び 傍観的遊び 平行遊び 共同遊び
第9章	コミュニティライフ・社会生活・市民生活	コミュニティライフ		非公式なコミュニティライフ（CY）

　※経済生活の中に遊びの項目が分類されています。子どもは集団での遊びを通して、さまざまな発達レベルでの共感や葛藤を経験しつつ、他者との共同によって外界を創造する力を身につけていきます。遊びの中でルールを守ることや言葉を獲得し、将来労働する能力を身につけていくことから、遊びが経済生活の中に分類されているものと考えます。

⑤環境因子

		000	0000	00000
第1章	生産物と技術	日常生活における個人用の生産品と用具	遊びの用の製品と用具（CY）	一般的な遊び用の製品と用具 遊びやすさを支援するために改造された製品と用具
		公共の建物の設計・建設用の生産品と用具	公共の建物内での身体安全のための設計・建設用の製品と用具（CY）	公共利用のための建物内街の製品と用具であって、安全を確保するためのもの
		私用の建築物の設計・建築用の生産物と用具	使用の建物内での人の身体的安全のための設計・建設用の製品と用具（CY）	私的な利用のための建物内街の製品と用具であって、安全を確保するための物品
第5章	サービス・制度・政策	一般的な社会的支援サービス・制度・政策	一般的な社会的支援サービス	・家族や友人による子どもや大人への非公式の世話（CY） ・サービス提供者の自宅での提供される家族ディケア（CY） ・児童または成人向けのケアサービスセンター（CY）
		教育と訓練のサービス・制度・政策	特別な教育と訓練についてのサービス（CY） 特別な教育と訓練についての制度（CY） 特別な教育と訓練についての政策（CY）	

第2章
意思決定支援について

1）意思決定支援とは何か

　2017年３月末、厚生労働省社会・援護局により、「障害福祉サービス等の利用等にあたっての意思決定支援ガイドライン（以下、ガイドライン）」が公表されました。

　このガイドラインの目的は、自己決定が困難な障害者の支援の枠組みの標準的なプロセスを示すことにあり、今後、支援者には障害者の意思決定の支援に関する創意工夫と、質の向上に努めることが課せられました。この背景にあるのが、2000年４月に改正された成年後見制度への批判です。

　成年後見制度の理念には、障害当事者の自己決定の尊重が位置づけられていますが、「意思がはっきりしない、汲み取るのが難しい」と成年後見人が判断した時点で、意思決定できる能力があっても意思決定できないものとして扱い、成年後見人が本人の意思とは関わりなく、一律に代行決定することに問題があるとされてきました。意思決定を支援する取り組みは、自己決定の尊重、障害当事者の自立・自律を促すものとしても注目されています。従来から大事だと言われてきた本人主体の支援を、より具体化するものが意思決定支援であり、その支援のプロセスを明らかにすることが現状の課題であるといえます。

　意思決定支援とは何か。柴田洋弥は、意思疎通、意思形成（エンパワメント）意思実現の３要素が含まれていると述べました。対象者とのコミュニケーションを図り、意思を形成する過程での支援と意思の実現を支援する、継続的な支援のサイクルです。

　2016年より大阪の成年後見共済会は、意思決定支援を具体的に実践しているとされるサウスオーストラリア州のＳＤＭ（Supported Decision-Making）の取り組みを参照し、意思決定支援をモデル事業として実施しています。このモデル事業では、意思決定における支援を次のように位置づけています。

①対象者の意思決定を行った具体的なニーズの実現を図ることを通じて、対象者が意思決定の意味を理解し、自己実現を図ることへの確信を持てるようになる支援である。

②対象者がニーズを実現していくという成功体験をベースに、対象者は自らの今後の人生設計にあたって、さらなる意思決定をし、その実現に向けた方向性を見出すための支援である。

　また、実際に対象者の意思決定の場面に立ち会う支援者は、対象者に対し、

柴田洋弥「意思決定の難しい人へのコミュニケーション支援」（『ノーマライゼーション障害者の福祉』2015年10月号）

第 2 章　意思決定支援について

```
┌─────────────────────────────┐
│      意思決定が必要な場面      │
│  ・サービスの選択　・居住の場の選択　等 │
└─────────────────────────────┘
              ↓
┌─────────────────────────────┐
│   本人が自ら意思決定できるよう支援   │
└─────────────────────────────┘
              ↓　自ら意思決定することが困難な場合
┌───────────────────────────────────────────┐
│      意思決定支援責任者の選任とアセスメント       │
│   （相談支援専門員、サービス管理責任者兼務可）   │
│                                           │
│ ○ 本人の意思決定に関する情報の把握方法、意思決定支援会議の開催準備等 │
│ ○ アセスメント                             │
│   ・本人の意思確認　・日常生活の様子の観察　・関係者からの情報収集 │
│   ・本人の判断能力、自己理解、心理的状況等の把握  │
│   ・本人の生活史等、人的・物理的環境等のアセスメント │
│   ・体験を通じた選択の検討　等             │
└───────────────────────────────────────────┘
         ↑                    ↓
┌───────────────────────────────────────────┐
│          意志決定支援会議の開催             │
│   （サービス担当者会議・個別支援会議と兼ねて開催可）│
│                                           │
│ ・本人　・家族　・成年後見人等　・意思決定支援責任者　・事業者　・関係者等 │
│ による情報交換や本人の意志の推定、最善の利益の判断 │
│ ┌─────────────────────────────────────────┐ │
│ │・教育関係者　・医療機関者　・福祉事務所　・市区町村の虐待対応窓口 │ │
│ │・保健所等の行政関係機関　・障害者就業・生活支援センター等の就労関係機関 │ │
│ │・ピアサポーター等の障害当事者による支援者　・本人の知人　等 │ │
│ └─────────────────────────────────────────┘ │
└───────────────────────────────────────────┘
              ↓                              ↑
┌───────────────────────────────────────────┐   意
│   意志決定の結果を反映したサービス等利用計画・個別支援計画 │  思
│   （意思決定支援計画）の作成とサービスの提供、支援結果等の記録 │  決
│                                           │  定
│  支援から把握される表情や感情、行動等から読み取れる意思と選好等の記録 │  に
└───────────────────────────────────────────┘   関
                                                 す
                                                 る
                                                 記
                                                 録
                                                 の
                                                 フ
                                                 ィ
                                                 ー
                                                 ド
                                                 バ
                                                 ッ
                                                 ク
```

図5　意思決定支援の流れ

ニーズの実現に向けての具体的方法や課題（困難性・リスク含む）等を客観的・具体的に情報として提示する必要があることを原則としています。

　このモデル事業では、対象者自らが意思決定の主体となり、提示された情報を元にニーズの実現に向けての方法も含めて決定し、実現を図ることを最大の目標としています。対象者が表明した意思の実現を拒むことなく、より積極的に実現の可能性を探るための支援を前提としており、意思決定支援における先進的な取り組みであると言えます。

　ともすれば障害者は、生活（人生）の中で選択する経験が乏しく、選択肢が限られた中での選択を繰り返すなど、意思決定を求められる場が限定されてしまいがちです。そのような場合、いきなり意思決定をするよう求められても、何を手がかりに意思決定をすればよいか悩むのは当然です。ここで支援者が対象者の生活や人生にとってよかれと思って先走った支援を行ってしまうことは、意思決定支援の考え方とは異なります。失敗体験を極端に避けて、失敗しない方向に誘導する、これでは支援者主体の考え方から抜け出せていないということになります。失敗から学ぶことも含め、本人の意思決定の過程を経た成功体験が必要なのです。

　まずは対象者を中心として、対象者が自由に意思を表明できるよう環境を整えること、表明された意思が何であるかを、支援者の主観を越えて、客観的に分析することが必要になります。意思の表出も含めた支援の必要性が言われるのはこのためです。そのためには、意思決定の対象者がどのような人なのか、身体的、心理的、社会的、あらゆる角度から情報収集・アセスメントし、全体像を捉えることが求められます。そのような中でＩＣＦ（国際生活機能分類）は人の全体像を捉える情報収集、アセスメントの方法として優れた要素をもっています。従来の支援モデルでは、支援者が、支援者の視点で障害者の生活上の問題を先行してとらえ、その問題の解決を目指す問題解決型が中心であり、障害者の意思決定を最大限重視するモデルではありませんでした。意思決定支援は、本人中心型支援モデルへの移行を推進するものであり、その土台として客観的な本人の状態像の把握を行う情報収集、アセスメント方法の確立は不可欠であると言えます。

２）意思決定を尊重する～必要な支援を作り出すためには

　ここでは、先述した柴田があげた３つの要素に沿って、実際の意思決定支援に必要とされていることを整理していきます。

（1）意思疎通

まず対象者がどのような状態にあっても「必ず意思はある」という基本姿勢が重要です。本人が発する言語、非言語（表情・動作など）のメッセージを観察し、支援者が理解し、反応していくことで、対象者の意思を伝える力は高まっていきます。「どうせわかってもらえないだろう。伝わらないだろう」といったあきらめから抜け出せる環境が必要となります。意思疎通の段階では、まず対象者と支援者がお互いに安心感、信頼感をもって、発信・受信しあえる関係性を築くことが必要となります、

（2）意思形成（エンパワメント）

ガイドラインでは、対象者本人の自己決定にとって必要な情報の説明は、対象者本人が理解できるよう工夫して行うことが重要だとしています。幅広い選択肢から選ぶことが難しい場合は、選択肢を絞った中から選べるようにしたり、絵カードや具体物を手がかりに選べるようにしたりするなど、本人の意思確認ができるようなあらゆる工夫を行い、本人が安心して自信を持ち自由に意思表示できるよう支援することを求めています。対象者が必要な情報を理解した上で、自己決定が行えるよう十分に時間をかける必要があります。エンパワメントとは「個人や集団が自分の人生の主人公となれるように力をつけて、自分自身の生活や環境をよりコントロールできるようにしていくこと」と説明されています。

http://www.dinf.ne.jp/doc/japanese/glossary/Empowerment.html2018.10.10

意思決定とは、複数ある選択肢の中から、対象者自ら意思決定して、自身の生活にとって必要な決定を繰り返していくものです。意思決定をすることで、対象者のエンパワメントがはかられていく、そのような関係にあります。エンパワメントは自己効力感とも共通するところが多くあります。支援を受けながら意思決定を繰り返すことで、対象者には達成感が生まれ、自分自身の生活、人生について考えていくきっかけとなっていきます。

（3）意思実現

決定した意思を実現する段階においては、まず事前にそのことが対象者にもたらすメリットとデメリット、予想される結果(見通し)の説明を、本人が理解できるよう工夫して行うことが重要になります。ガイドラインでは、「支援者側の価値観においては不合理と思われる決定であっても他者の権利を侵害しないのであれば、その選択を尊重するよう努める。本人が意思決定した

第3章で紹介するAさんの事例は、意思決定支援の事例でもあります。Aさんの得意な意思疎通の方法、クローズドクエスチョンを用いた意思の確認が生活のあらゆる場面に用いられています。時には自ら話すこともあるAさんの言葉、それら全てを聞き取ることは難しくても、聞き直しをする、これまでの発言から「〇〇ということですか？」と尋ねてみるなど、Aさんが「伝えたい」という気持ちを失うことがないよう働きかけています。Aさんの趣味である音楽鑑賞やお菓子作り等、施設のレクリェーション活動には、Aさんが希望をすればできる限り参加できるように、そのために体調を崩さないよう活動と休息のバランスを整えるための支援をしています。これも本人が「したいと思う参加」を支えることにつながっているのです。「参加」には人と人とのつながりを深める効果があります。Aさん自身は、今も人とつながりたいという思いを持っている人です。Aさんが意思を表出し、それが活動や参加として具体的に発揮される時、それは、たとえ支援を受けながらであっても、Aさんの生活の豊かさや人生の豊かさにつながっていると考えられます。

結果、本人に不利益が及ぶことが考えられる場合は、意思決定した結果については最大限尊重しつつも、それに対して生ずるリスクについて、どのようなことが予測できるか考え、対応について検討しておくことが必要」としています。事前の情報提供により、自らの意思でそうしたリスク回避を含めた意思決定が行えるよう支援することが重要だとも言えます。リスク管理という視点で考えると、責任を誰がどのようにとるかという議論に発展し、（ガイドラインは）本人の意思決定に対して制約が起こる可能性も示唆しています。
　実際には、身近なところから意思決定を行う体験を重ね、それをやがては自分自身の生活や環境をコントロールしていく力にまで伸ばしていく、そのための一歩を踏み出す支援が意思決定支援であると言えます。

第3章
ICFを活用してみよう
―― ICF支援プロセスシートの作成

1）支援プロセスシート作成のための生データの理解

（1）生データとは何か

生データとは、「判断を含まない客観的で具体的な情報」です。大きい、小さいなど抽象的な表現ではなく、誰が聞いても同一の情報として捉えられる客観的で具体的な情報です。

事例紹介の際、「神経質」という表現がよく使われますが、これは何らかの現象があり「神経質」と判断した結果です。つまり、「神経質」というのは生データではなく、判断の基になった具体的な行動が「生データ」となります。「意欲的」、「消極的」なども同様です。

（2）生データで表現する意義

例えば、「短い距離なら歩行可能」という情報があったとします。その「短い距離」と聞いたとき、聞いた人はどのくらいの距離を思い浮かべるでしょうか。「短い距離」というときに、無意識に、自分の中で何かと比べて「短い」と判断してしまっているわけです。同様に、情報を受け取る人も自分の判断が入ってしまうため、受け取る人によって「短い距離」の具体的な長さが違ってきます。すると、伝えたかった「短い距離」が正確に伝わらず、本来なら歩けない距離を無理やり歩かせてしまうということになりかねません。

このような判断の入った情報は、正しい情報ではないため、誤った支援につながる可能性があります。そこで、判断を含まない「生データ」で情報を伝えることが必要になります。例えば、「2ｍ歩行可能」や「10歩までの歩行可能」という情報です。

適切な支援を行うためには、誰が聞いても同一の情報として捉えられる「生データ（判断を含まない客観的で具体的な情報）」が必要になります。

（3）練習問題　次の情報を「生データ」にしてみましょう

a 痩せている　　　　[　　　　　　　　　]
b 体力が低下　　　　[　　　　　　　　　]
c 優しい　　　　　　[　　　　　　　　　]
d 食べるのが早い　　[　　　　　　　　　]
e 発赤がある　　　　[　　　　　　　　　]
f 難聴　　　　　　　[　　　　　　　　　]

神経質という情報について

「神経質」とは、例えば、「いつもと違う食器では食事しない」ということや、「何度も同じことを確認する」「一度使ったタオルは使わない」など、その人のある行動や習慣を見て判断した結果が「神経質」ということになります。

「短い」などの情報について

「短い」などの情報も同様です。新明解国語辞典には「短い；比較の対象とするものより少ない様子」とあります。つまり、「短い」というにはその対象となるものが必要であり、何らかの対象と比較して「短い」という判断をした結果です。「大きい」「小さい」も同様です。

g 聴力支障なし
h 排泄は自立

●解答例

a：BMI17.5、体脂肪率14％等、具体的な数値

b：下肢筋力の低下。風邪にかかりやすくなった等、体力が低下したと思える具体的な事象

c：一人でいる人には、声をかけて一緒に行く等、その人の具体的行動

d：5分で食事を食べ終える

e：ピンク色の直径5ミリ程度の皮膚の変色がある

f：2m離れると呼びかけても振り向かない

g：テレビの音量は10

h：尿意を感じて、自分でトイレに行き排尿できる

2）支援プロセスシートの書き方

　この章では、ＩＣＦの視点を用いた**支援プロセスシート**の作成の過程を紹介していきます。

　第1章にもあるように、ＩＣＦの視点を活用するメリットは、客観的な指標から経年的な変化も含めた当事者の状態像を的確に把握できること、当事者の「主観的体験」から具体的なニーズを導き出すことから、当事者の意思決定を支援するプロセスの具体例となることが挙げられます。

［事例の紹介］Ａさん・70歳（女性）脳血管性認知症

　支援プロセスシートとは、フェイスシート・情報整理シート・ＩＣＦ精神機能分類シート・ＩＣＦ疾患関連図・ＩＣＦアセスメントシート・支援計画シート、以上6枚のシートの総称。大阪障害者センターのホームページからダウンロードできます。

> 　2年前に脳梗塞を発症し、失語症と認知症の障害が残った。真面目で自律心が強く、社交的な性格で人と話すのが大好きだったＡさん。しかし加齢や脳血管障害による心身機能の低下、特に認知症による記憶障害、失語症（言語の理解や表出の障害）によって、今までの生活が一変してしまった。現在は特別養護老人ホームで支援を受けながら生活している。

（1）フェイスシート

　フェイスシートは「フェイスシート①」と「フェイスシート②」の2枚で構成されています。フェイスシート①は氏名、年齢、性別、生年月日、家族構成、サービス利用に至るきっかけなどの基本情報を記入する欄があります。それ以降はＩＣＦの項目に沿って、Ⅰ心身の状況（健康状態 身体構造／心身機能）、Ⅱ環境因子、Ⅲ個人因子、Ⅳ参加を書き込んでいきます。Ⅳ参加は、対象者の意欲や生きがい、役割など、その人の生活の質（ＱＯＬ）の状態を示す重要な情報となります。

　今までのケース記録からの転記だけでなく、本人の状態を観察して得られたデータも追加します。ここでは徹底して生データのみを記入しましょう。

　フェイスシート②は、左側に本人の状態として、人物像をイラストと文字で表現します。色を塗ったり、表情を書き加えたり、できるだけ本人の特徴をとらえ表現することを目指してください。文字では実際に話している言葉だけでなく、その背景にある思い（支援者が客観的な事実から判断したものも含む）を明らかにしていきます。言語だけでなく表情や姿勢など非言語の変化もとらえ、本人がどのような思いでいるのかを明らかにするシートです。このシートは視覚に訴える効果が高く、情報共有の際に一目で特徴をつかみやすいという特徴があります。

　フェイスシート②の右側には、Ⅴ日常生活の状態（活動）特にコミュニケーションとセルフケアの項目（移動、身じたく、食事、排泄、入浴／清拭、睡眠）を細かく分けて状態像を正確にとらえることを目的としています。日常生活動作（ＡＤＬ）の状態、現在どのような介護・支援を必要としているか、生活にどのような困難があるのか、本人の思いはどうか、生データを集めることで具体化していきます。

(1) Aさんのフェイスシート①

氏名	Aさん		性別	男性・⦿女性	生年月	M・T Ⓢ・H
入所年月		2017 年 12 月				23年12月 （70歳）

サービス利用に至った経過と理由	ADL低下及び、認知症症状のため独居生活困難と判断され、1年前特養に入所となる	入所前の生活状況	12年前（58歳）に夫と死別、以降一人暮らしをしていた。2年前（68歳）に脳梗塞再発作を起こした。発症後すぐリハビリを行い麻痺はない。しかし、失語症、認知症が残った。その後、老健入所を経て、現在の特養に移った。
家族の状況	■─◯ 　│ ◯─◎ ・二人の娘は海外で生活している	（ジェノグラム） □：男性 ◯：女性 ◎：本人 ■●：死亡 （家族状況） ・夫は死去 ・姉が近所に住んでいる （キーパーソン） 長女	本人・家族の要望	本人：要望は確認されていない。 家族（姉）：できる限り歩いて生活してほしい ・話し相手を作ってほしい ・食事、水分は無理に勧めないでほしい

Ⅰ 心身の状況

1	要介護状態区分/障害程度等級	要介護度（ 要支援1　要支援2　要介護 1・2・③・4・5 ） 障害者手帳（ 有・⦿無 ）手帳の種類（　　　手帳）等級（　　　級）
2	日常生活自立度	（障害高齢者）　自立　J1　J2　A1　A2　B1　㊁　C1　C2 （認知症高齢者）　自立　Ⅰ　Ⅱa　Ⅱb　㊊a　Ⅲb　Ⅳ　M
3	現在の主な疾患	脳梗塞再発、脳血管型認知症、骨粗鬆症、便秘症、白内障、高音性難聴、甲状腺機能低下症疑い
4	内服薬/外用薬	カルフィーナ（活性型ビタミンD製剤：骨粗しょう症の薬）、マグラックス（緩下剤）、新レシカルボン坐剤（排便を促す座薬）チラージン（甲状腺の薬）
5	既往歴	腰椎圧迫骨折（2015.4～保存療法により現在は治っている メニエール病（右内耳、現在は症状が治まっている）
6	平常時のバイタルサイン	体温：35.9 ℃　脈拍：68 回/分　血圧 142 / 74 mmHg
7	身体構造	体重　43.0 kg　身長　144.1 cm
1)	神経系の構造	・加齢による脳の神経細胞の減少に伴う萎縮、脳の化学物質の減少。 ・脳血管の閉塞、脳神経細胞の壊死
2)	目・耳および関連部位の構造	・加齢による水晶体の混濁、黄色化。角膜、硝子体の混濁、変性。 ・加齢による高音障害型の感音性障害。
3)	音声と発話に関する構造	・義歯の使用なく、全て自分の歯であるが虫歯はある。 ・加齢による喉頭の浮腫
4)	心血管系・免疫系・呼吸器系の構造	・加齢による動脈硬化、心肥大、獲得免疫系の低下、呼吸筋の低下
5)	消化器系・代謝系・内分泌系に関連した構造	・加齢による唾液腺の萎縮、胃の粘膜の萎縮、肝臓の繊維化
6)	尿路性器系および生殖器に関連した構造	・加齢による膀胱容量の減少
7)	運動に関連した構造	・加齢による骨密度の低下、関節の軟骨成分の減少、筋肉量の減少（サルコペニア）、靭帯や腱の硬化、腰椎が骨癒合している
8)	皮膚と関連部位の構造	・臀部の皮膚が菲薄化している。 ・全身の皮膚の乾燥がある。

（1） Aさんのフェイスシート①

8	心身機能	
1)	精神機能	・短期記憶障害で新しい体験全体を忘れてしまうため、1日前のことでも覚えていないことが多いが、直前記憶は保たれている ・見当識障害があり時間、場所、人の認識が曖昧 ・言語の理解または表出が障害される失語がある (感覚性失語、運動性失語) ・疲労時は判断力が低下し、無表情になる
2)	感覚機能と痛み	・加齢による水晶体の弾力性低下、厚みの調整力低下に伴う老眼により、近くのものが見づらく、疲れやすい、光がまぶしく感じる。 ・加齢に伴う高音難聴があり、補聴器も作成したが、現在は使用していない ・加齢に伴う味覚鈍麻で塩味、苦味、酸味が感じにくい。
3)	音声の機能	・弱弱しい無力性嗄声 ・失語により流暢ではないが、単語で話す。
4)	心血管系・血液系・免疫系・呼吸器系の機能	・水分量の不足による脱水傾向 ・バイタルサインの変動は少ない
5)	消化器系・代謝系・内分泌系の機能	・唾液分泌低下による口腔内乾燥 ・加齢による腸の動きの低下から生じる弛緩性便秘がある。
6)	尿路・性・生殖の機能	・認知症があり、尿意・便意が曖昧なことによる機能性尿失禁、機能性便失禁がある。 ・時々トイレで排泄している。 ・加齢による骨盤底筋群の緩みから生じる腹圧性尿失禁がある。
7)	神経筋骨格と運動に関連する機能	・全身の筋力低下、特に下腿筋力は支持があれば5m歩ける程度である ・座位は無自覚に右傾斜していることが多い。右脇下に体幹支持クッションがあれば、座位保持が1時間程は可能。
8)	皮膚および関連する構造の機能	・加齢による皮膚の生理的働きの低下があるため、傷つきやすく、痒みを生じやすい。

Ⅱ 環境因子

9	環境（環境因子）	現在の状況
1)	生活環境 （どのような環境で生活しているか。環境が生活に影響を与えていることはないか（バリアなど）。屋内だけでなく周囲の交通機関や商業施設（スーパー・美容院など）を含む）	・ユニット内の個室で生活している。 ・車椅子、体幹支持クッション
2)	生活に必要な用具 （使用している自助具や福祉用具など）	・CDプレーヤー
3)	経済状況 （生活資金の出所 や およその金額）	・【医療】国民健康保険 ・【福祉】年金
5)	サービス（制度）の利用状況 （利用しているサービス(制度)）	・介護老人福祉施設に入所中
6)	人的環境 （家族・親戚・友人・他の利用者・施設職員など本人の生活に誰がどのようにかかわっているか）	・入居者は80～90歳の方が多い ・ため息や身体の傾きからAさんの思いを推測し支援してくれる介護職がいる。 ・健康状態をサポートする看護師がいる。 ・「Aさんは意欲低下があり依存的だ」と考える支援者がいる。
7)	その他 （自然環境など）	

(1) Aさんのフェイスシート①

Ⅲ 個人因子

10 個人因子		現在の状況
1) 価値観	何に価値があると考えているか 自己のきまりや大切にしていることなど	・真面目で自律心が強く、自分でできることは自分でしてきた。 ・「家族と温泉旅行に行くのも嫌なほど羞恥心が強い」と姉が言う。 ・おむつ交換時には全身に力を入れ、自分の手で陰部を隠している。
2) 習慣	日常的に行っている行為・習慣	・「専業主婦で家事の合間に一人の時間を作り、よく音楽鑑賞、読書、編み物をしていた」と姉が言う。
3) 性格(個性)	持続している感情や意志の面での傾向や性質	・「律儀で時間にきっちりしている」「社交的な性格で昔は人と話すのが好きだった」と姉が言う。 ・集団の中では控えめな存在である。
4) 生活歴 (職業や出身地)	生まれた土地 どのような家族環境で育ったのか 学歴や職歴 結婚 子どもに関することなど	・生誕:A市生まれ、6人兄妹2番目、次女 10歳:B市に転居 18歳:高等学校卒業後、金融会社に就職 以降:同じ職場の同僚と結婚 C市で暮らす。子育てが一段落後、パートタイムで勤務をしていた
5) 特技・趣味	特技や趣味 現在行っているものだけでなく、以前に行っていたものを含む	・音楽鑑賞(ジャンル:石川さゆり、都はるみ) ・映画鑑賞 ・読書、編み物、お菓子作り(洋菓子)
6) その他		・石川さゆりのコンサートに夫といったことがある

Ⅳ 参加

11 参加		現在の状況
1) 意欲・生きがい	生きていてよかったと思えるようなこと 積極的にしたいこと	・食事・身じたく・入浴などの動作の開始時は「できない」と言ったり、自分でやろうとしない時が常にある。 ・介助への拒否はないが、暗い表情をしており、涙を流すことがある。 ・「自律心が強い性格のため、他者からの介助が増えると自身を責めていると思う」と姉が言う。
2) 1日の過ごし方	起床時間、食事時間、その他日課としていること、就寝時間など、通常の一日の流れ	7° 8° 9° 10°11°12°13°14° 15° 16°17°18°19°20°21°22° 起床 朝食 臥床 昼食 臥床 おやつ 臥床 夕食 就寝
3) 余暇の過ごし方	余暇に取り組んでいること 空き時間は何をして過ごしているか	・部屋で臥床して過ごす(午前、午後1〜2時間ずつ)
4) 役割(家庭/社会)	施設内や社会生活の中で本人が担っている役割	・家族の中でも母という存在としての役割 ・施設の入居者の一員として存在
5) 対人関係	施設内や社会生活の中での対人関係の状況	・20〜30歳代の若い職員の話題を聞いて、時々思わず笑みがこぼれる。 ・他の入所者に話しかけられると嬉しそうな表情を見せる。
6) その他	本人がどのように社会とかかわっているか	

（1）Aさんのフェイスシート②

Aさんの状態

＜コミュニケーションの特徴＞
◎認知症、失語症
・クローズドクエスチョンに対して返答あり
・短文は理解できる
・疲労時は会話が成立しにくくなる

本人が直接言葉にして言った内容

本人が思っていると考えた内容　※客観的事実から「こう思っておられるのではないか」と考えたことも記入する

「昔はね、、、料理もしたわ」

「（昔のCDを聴いて）これ、なんか面白い」

「つがる・・・ラララ・・・けしき〜・・・」

「分からないのできるかな」

「どうかしら」

「しんどい　しんどいわ」

「こわいわ　ちょっと待って！」

「困ります」

・ため息・・・トイレにいきたいわ　しんどいわ
・体幹傾斜・・・しんどいわ
・閉眼・・・横になりたいわ

・困る・・・どうしたらよいか分からない
・人前に出たくない・・・一人になりたい
・嫌だ・・・できないことを急かされた時

（1） Ａさんのフェイスシート②

Ⅴ．日常生活の状況（活動）

> 情報収集したそのままを具体的に記入する
> 「一部介助」ではなく、例えば「車椅子への移乗時には腰を支えて介助している」など。
> 「○○が必要」という表現はしない。

		現在の状況
1	コミュニケーション 会話の状況 理解力 非言語的コミュニケーションの方法 他者とのかかわりの状況 コミュニケーションに関して行われているケアの具体的内容	・自ら他者に話しかけることはほとんどない。声をかけると笑顔で返される。質問すると気丈に返答するが、長文になると途中で曖昧な返答をする。 ・クローズドクエスチョンによって、はっきり意思を伝える。 ・曖昧な返答がみられる時がある。 ・思い起こせるキーワードを伝えると「そうそう」という時もある。
2	移動 移動や移乗の方法 使用している福祉用具 移動や移乗に関して行われているケアの具体的内容	・支持があれば5mの歩行ができる。 ・体調が良いときは、2人介助で10m程度の歩行が可。 ・日頃は車椅子移動。
3	身じたく 身だしなみを整えることへの関心及び方法、衣服の着脱など身だしなみや着脱に関して行われているケアの具体的内容	・声掛けにより整容、更衣（上着のみ）、洗顔、歯磨き、含嗽は自力で行う日が、3日に1回ある。
4	食事 食事形態・摂取方法・食欲・咀嚼や嚥下の状態・好みなど 食事に関して行われているケアの具体的内容	・介助中心で2～10割。疲れてくると表情が硬くなる。動作の声掛けによって箸やスプーンを用い、表情穏やかに自力摂取する時もある。 ・舌触りが滑らかで濃い味のものを好んで食べる。 ・身体が無自覚に右傾斜している時は食事ペースが遅い。
5	排泄 尿意・便意の有無 排泄方法 回数 排泄物の状態など	・尿意、便意を伝えられず、常時パットをしている。夜間はオムツで排泄している。 ・トイレで排泄が可能なときもある。 ・排便時は機嫌が悪くなり、ため息をついたり「しんどい」と言う。 ・失禁時、不快感を不機嫌な表情で表す。 ・オムツ交換時、自分の手で陰部を隠す。
6	入浴・保清 入浴方法 回数 皮膚の状態・口腔ケア・整髪など 入浴・保清に関して行われているケアの具体的内容	・声掛け動作説明、誘導で更衣、前胸部洗身を自力で行える時が、3回に1回ある。 ・入浴時間40～50分。前半は自力で、後半は手の動きが極端にゆっくりになり、介助が必要。立位も最後は不安定になりやすい。 ・39～40度では「ぬるめね」と言われており、40～41度に調整するとよい。 ・週2回（火・金）、チルト式座位が可能な浴槽機械で湯舟に入っている。
7	睡眠 夜間の睡眠状況 睡眠時間 昼間の覚醒状況 睡眠に関して行われているケアの具体的内容	・夜間の中途覚醒はなく、よく眠れている様子 ・朝食後、昼食後に1.5時間ずつ臥床している ・朝が弱く、目覚めてもなかなか起き上がれない。
8	その他 上記にはあてはまらないが、Ａさんの生活を考える上で必要だと思われる情報を記入する	・車椅子座位が長時間になると体幹が右に傾斜する ・集団レクリエーション時は無表情のことが多い。 ・職員の話を聞いて楽しんでいることがある。個別に1対1で話すと自分からも話をする。

（2）ＩＣＦ情報整理シート

ここからがＩＣＦの項目に沿って情報を整理していくシートになります。

まず初めに情報整理シートを作成します。情報整理シートは縦軸にＩＣＦの活動の項目と参加の項目が挙がっています。横軸には**ＩＣＦの要素である、心身機能・身体構造、活動、参加、環境因子、個人因子、そして本人の思いを記入する欄があります。**

まず初めに活動の縦の欄を記入します。参考にするのはＩＣＦイラストライブラリー（http://www.icfillustration.com/icfil_jpn/top.html）の「参加と活動」のページです。１つひとつの項目を見ながら、本人の状態像にあてはまる生データを記入していきます。面倒がらず、必ずＩＣＦイラストライブラリーを参考にしてください。本人の持っている力がどのような分類コードで示されているのかを確認してみましょう。１つの分類コードから、それに合う本人の力が発見できることも多くあります。支援者が本人の姿を客観的な分類コードを通して、言語化していく過程が重要なのです。特に、子どもや発達に課題がある対象者を見る場合には、第１章に紹介したＩＣＦ−ＣＹの項目も参考にして下さい。

その後、その活動に関連する参加、環境因子、個人因子、心身機能・身体構造を記入していきます。情報整理シートはＩＣＦの分類コードで情報を整理するとともに、情報の相互のつながりを見ていくことを可能にしてくれます。

> POINT：主観的体験を記入する
> 　主観的体験とは、現状の生活の中で、本人が何に悩んでいるのか、困っているのか、苦しんでいるのか、「～したいのに、○○だからできない」という思いを書き出します。

本人が発している言語、非言語のメッセージ、客観的な情報から主観的体験を導き出します。それが本人中心の支援、意思決定支援にも大きくかかわってきます。

主観的体験は、<u>支援者が気になっていること、問題だと思っていること</u>とは一致しません。

（2）AさんのICF情報整理シート

利用者：Aさん　年齢：70歳　性別：女性

	身体構造・心身機能	活動	参加	環境因子	個人因子	本人の思い
学習と知識の応用	・高音性難聴がある	・CDを聞く事ができる（注意して聞く） ・調理器具が使い、簡単な調理ができる（技術の習得）、言葉を習得している			・自分のことは自分でしたいと思える（思考） ・真面目で自律心が高く自分でできることは自分でしてきた	・自分でできることは自分でしたい（思考）
一般的な課題と要求	・疲労時や失禁時、不快感を不機嫌な表情で表す（ストレスへの対処）	・失禁時、不快感を不機嫌な表情で表す（ストレスへの対処）		・「意欲低下がある。依存的だ。」と考える職員がいる		
コミュニケーション	・言語の理解、表出が難しい ・自分の意思や感情を言葉や表情、姿勢で表出し、伝達することができる ・短期記憶障害がある	・クローズドクエスチョンに答えられる ・曖昧な返答をすることがある ・疲労時は会話の成立しにくくなる ・キーワードがあれば思い出すことができる	・自ら他者に話しかけることはほとんどない	・話ができる入所者が少ない ・話しかけてくれる職員、入居者がいる ・思い出すためのキーワードを伝えてくれる職員がいる		
運動と移動	・脳梗塞発症後に移動に伴う活動に不安が強い ・長時間の座位で体幹傾斜が見られる ・下肢筋力の低下が顕著	・支持があれば5m歩行できる ・普段は車椅子で移動ができる ・上肢を動かす事ができる ・座位保持は1時間程度可能		・車椅子や体幹維持クッションがある ・個室で臥床し休むことができる	・「自律心が強い性格のため、他者からの介助が増えると自身を責めていると思う」と姉が言う	
セルフケア	・尿意、便意を伝えられない ・機能性尿失禁、便失禁がある ・羞恥心が強い ・夜間の中途覚醒はない	・食、身じたく、入浴は時間がかかるが自分でできる時もある ・動きが開始できないと言ったり、自分でやろうとしない時がある。	・入浴日及び、排泄があった日、午後からはベッドに臥床し、布団から出てこない。（人とのかかわりを避ける）	・Aさんの思いを推測し、支援してくれる職員がいる ・声かけや介助をしてくれる職員がいる ・健康状態をサポートしてくれる看護師がいる	・介助への指否はないが暗い表情をしており、涙を流すことがある ・「自律心が強い性格のため、他者からの介助が増えると自らを責めていると思う」と姉が言う ・おむつ交換時、陰部を自分の手で隠す	・自分でできることは自分でしたい ・できるならば介助は受けたくない ・おむつを交換されるのは恥ずかしい
家庭生活						
対人関係			・疲労感が無い日は積極的に他者と関わる ・デイルームで食事を楽しむ、他者と交流できるデイルームがある 話せる職員と楽しむ（対人関係）	・世間話ができる職員がいる ・他者と交流できるデイルームがある	・社交的な性格で昔は人と話すのが好きだったと姉が言う	・他者とかかわりを持ちたい
主要な生活領域						
コミュニティライフ・社会生活・市民生活		・調理など上肢を使ったレクリエーションを楽しむ。（遊び）	・疲労感が無い日は調理や輪投げに参加する。 ・疲労感が強い日は集団レクリエーションに誘われても参加しない	・音楽や集団レクを楽しむムードがある（遊び）	・好きな歌手がいる（石川さゆり、都はるみ）	

利用者の主観的体験
（心の悩み、現状への不安など） | ・自分でできる事があるのにかかわれない
・伝えようとしているのに、理解してもらえない | 家族の希望 | ・できる限りいきいきと生活してほしい
・食事、水分は無理にすすめないでほしい | | ・話し相手を作ってほしい |

＊情報整理シートからみえてくるＡさんの姿は……。

・過去には自分のできることは自分でしてきた人。
・今でも自分自身でできることはしたいと感じている。支援を納得して受け入れることが難しい。
・失語症はあるが、本人にわかるように伝えてもらえれば、気丈に答えようとする。
・伝えられないことがあるが、意思ははっきりしている。
・１人の時間も大切にしたいが、人とかかわることが好きな一面もある。
・活動や参加にできることが多くある。

（３）ＩＣＦ精神機能分類シート

　このシートは、本人の精神機能を細かく丁寧に見ていく目的で作成します。ＩＣＦの心身機能「第1章　精神機能」では、人間の脳が持つ諸機能を、意識、知的機能、睡眠、情動、知覚、思考など、それぞれの特徴を記して分類しています。

　脳が何らかのダメージを受けることによっておこる障害を、「知的障害がある」「認知症がある」とひとくくりにとらえることには誤りがあります。精神機能のどの部分に障害が起こっているのか、１人ひとりに違いがあり障害の影響を受けていない部分もある可能性があります。

（3）Aさんの精神機能分類シート

全般的精神機能							
意識機能	見当識機能	知的機能	全般的な心理社会的機能	気質と人格の機能	活力と欲動の機能	睡眠機能	その他詳細不明の機能
・周囲の状況の判断、意識を集中することはできる	・見当識障害があり、時間、場所、人の認識が曖昧				・疲労感がなければ積極的に人とかかわる	・中途覚醒はなく、よく眠れている	

個別的精神機能											
注意機能	記憶機能	精神運動機能	情動機能	知覚機能	思考機能	高次認知機能	言語に関する精神機能	計算機能	複雑な運動を順序立てて行う精神機能	自己と時間の経験の機能	その他詳細不明の機能
	・短期記憶障害で新しい体験全体を忘れてしまう ・1日前のことでも覚えていないことが多いが、直前記憶は保たれている		・暗い表情をしており、涙を流すことがある ・脳梗塞発症後から移動に伴う活動に不安が強い	・近くのものが見づらく、疲れやすい、光がまぶしく感じる ・加齢に伴う高音難聴がある ・加齢に伴う味覚鈍麻で塩味、苦味、酸味が感じにくい		・疲労時は判断力が低下し、無表情になる	・言語の理解または表出が障害される失語がある(感覚性失語、運動性失語) ・クローズドクエスチョンに答えられる				

＊精神機能分類からみえてくるＡさんの姿は……。

・意欲低下しているように見えるのは疲労感が原因となっているのではないか（活力と欲動の機能）。
・感情をはっきりと表すことができる（情動機能）。
・疲労時には判断力も低下し、無表情になる（高次認知機能障害）。
・聴覚、視覚、味覚など感覚機能に影響を受けている（知覚機能）。

（4）ＩＣＦ疾患関連図

ＩＣＦ疾患関連図は、疾患を中心において、疾患によって引き起こされる心身機能・身体構造の異常、活動や参加がどのような影響を受けているか、誘因や危険因子につながる健康状態や個人因子、環境因子を1枚のシートに記入し、情報の相互の関連を見ていくものです。関連のある情報には線を引きます＝情報の相互依存性。つながりはないが重要な情報＝情報の相対的独立性。その両方を見ていきます。

＊疾患関連図からみえてくるＡさんの姿は……。

本書の巻末に加齢によって生じる代表的な疾患についてのＩＣＦ疾患関連図を載せています。

相互依存性「互いに影響を与え合う」関係／相対的独立性「影響だけで全てが決まるわけではない」関係。詳細は《ワークブック》76頁。

第3章　ＩＣＦを活用してみよう──ＩＣＦ支援プロセスシートを作成しよう

（4）ＡさんのＩＣＦ疾患関連図

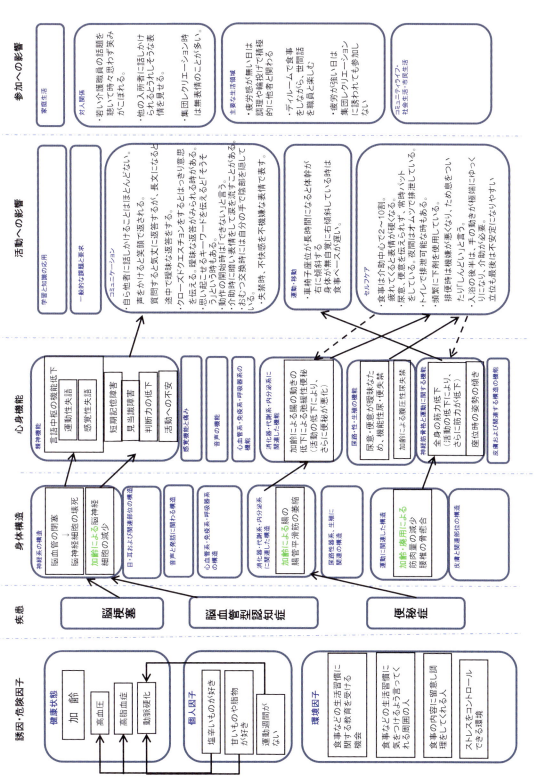

(3)精神機能分類シートおよび、(4)ＩＣＦ疾患関連図は、(2)情報整理シートを補完する目的で作成します。

・脳の構造・機能以外の便秘や疲労が、Ａさんの活動・参加に影響していることがわかる。
・疲労は全身の筋力低下によるものだと考えられる。
・便秘も筋力低下も加齢から生じているものの、ともに生活習慣の影響も大きい。

（5）ＩＣＦアセスメントシート

　ＩＣＦアセスメントシートはこれまで作成してきた(1)～(4)のシートから、本人の全体像をとらえる上で特に重要な情報（生データ）を、ＩＣＦの6つの要素【健康状態、生活機能（心身機能／身体構造、活動、参加）、背景因子（環境因子、個人因子）】に沿って記入します。生活機能と背景因子は、促進因子（プラス）と阻害因子（マイナス）に分けて記入していきます。

　このシートの特徴は、上段が客観的次元、下段が主観的次元に分かれていることです。上段の客観的次元の情報は本人の全体像そのものですが、下段が主観的次元は本人自身の心の悩みや現状への不満＝主観的体験として、本人の感じている（あるいは感じていると考えられる）思いを本人を主語にして明らかにするものです。主観的体験は、次の支援計画シートで本人の生活課題をとらえる上で重要な役割を果たします。

＊アセスメントシートからみえてくるＡさんの姿は……。

・時間はかかるが自分できる活動がある（活動／促進因子）。
・自律心が高い人であった（個人因子／促進因子）ので、他者の介助を受けたくないという思いがある（個人因子／阻害因子）。
・言葉の理解・表出は難しい（心身機能／阻害因子）が、クローズドクエス

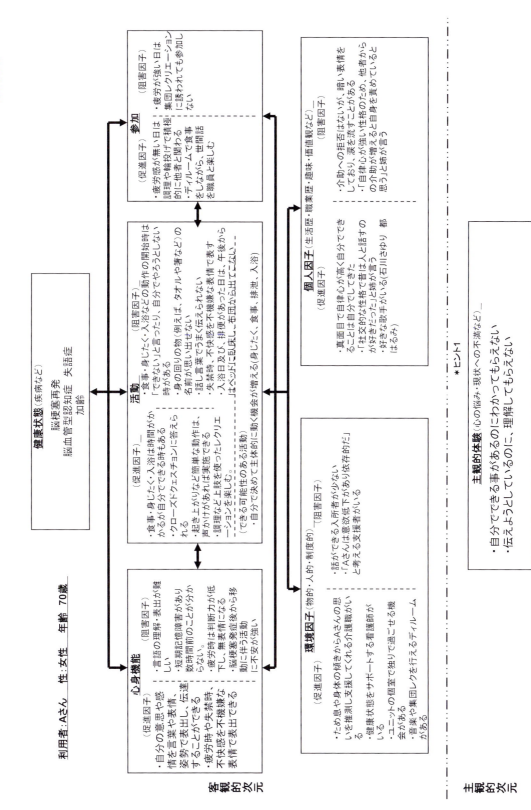

チョンに答えられる（活動／促進因子）。
・自分の意思や感情を言葉や表情、姿勢で表出し、伝達できる（心身機能／促進因子）。
・Ａさんの意思を推測し支援してくれる介護職がいる（環境因子／促進因子）が、意欲低下があり依存的だと考える介護職もいる（環境因子／阻害因子）。
・疲労感の有無が参加の内容を左右する（参加）。
・入浴や排便があった日は活動が低下する（活動／阻害因子）。
・健康状態をサポートしてくれる看護師がいる（環境因子／促進因子）。

——これらのアセスメントから見えてきたＡさん本人の主観的体験（悩み、現状への不満）は

> 自分でできることがあるのにわかってもらえない
> 伝えようとしているのに、理解してもらえない

ここまで導き出せれば、次の支援計画シートに進みましょう。

（6）支援計画シート

　支援計画シートは、ＩＣＦアセスメントシートから導き出した【本人の主観的体験】を基にして支援計画を順序だてて考えていくためのシートです。大きく分けて2つの作業を行います。

　1つめは【本人の主観的体験】を【本人の意欲・希望】に転換し、そこから【解決すべき生活課題（ニーズ）】を導き出します。

　2つめは、【本人の主観的体験】について、何故そのようなことが起こっているのか、その原因となっている障害を医学モデルと社会モデルの両面からとらえます。この医学モデル、社会モデルを統合したものがＩＣＦの統合モデルと言われるものです。

　実際の支援の場面では、支援内容に応じて、医学、社会各々のモデルに働きかける支援と、両方を組み合わせて働きかける支援の両方が共存する形になります。支援計画は具体的な内容とし、期間を定め到達目標を設定します（この事例では、長期目標：約6か月、短期目標：約2週間～1か月と設定しました）。

　支援計画を実施し、実施後の様子をシートに記入します。ここでは支援者がどのような支援を行ったかだけではなく、Ａさんの変化（言葉や表情、態度など）を観察し、言語化します。

医学モデル、社会モデル、統合モデル。詳しくは第4章64頁～。

実施後の様子を、目標に沿って評価（目標は達成できたのか）、考察（なぜそうなったのか、根拠は何か）、次回の対応（目標を達成するために、あるいはＡさんの望む生活にさらに近づけいくにはどのようにすればよいのか）を記入します。

（6）Aさんの支援計画シート（1）

高齢者事例

利用者：Aさん　女性：　年齢：70歳

本人の意向・希望
周囲からの支援を受けつつ、自分でできることは自分で決定し、自分のペースでできるようにしたい。

主観的体験（心の悩み・現状への不満など）
・自分でできる事があるのにわかってもらえない
・伝えようとしているのに、理解してもらえない

転換（動きかけ（修正））→

解決すべき生活課題（ニーズ）

・（Aさんは）介助を受けたくない気持ちと、介助を受けざるを得ない現状との中で、自分の気持ちを整理したい。

・（Aさんは）本来の自分の姿とのギャップから自信を無くしているとき、支援者に理解してもらいたい。

・（Aさんは）自分からあらゆる場面において、自分のペースで決定し、自律した生活を継続したい。

長期目標（6ヶ月後）

(1) 支援を受けてもらうことに心置きなく支援者に委ねることができる。

(2) 支援者との関係性の中で、自分のレクリエーション上の自己選択・決定を行うことができる。

(3) 主体的に、生活のあらゆる場面において意思決定ができる。

短期目標
（2週間後　1ヶ月）
（評価日　2週間後の7/15）

①余暇時間の機会に、Aさんなりの言語や表情、行動により、意思疎通ができるようになる。

②余暇時間の機会に、音楽鑑賞やその他のレクリエーションについて、自己決定し、支援者や入所者と一緒に楽しむことができる。

③食事・排泄・入浴などと生活のあらゆる場面において、Aさんなりの言語や表情、行動により、意思疎通ができるようになる。

障害をとらえる　意欲を阻害する条件を知る　解決を目指す

医学モデル
・認知症による記憶障害があること、失語症があるため、うまく言葉で意思を伝えられない。
・脳梗塞再発作後、我慢し何もできず、自分を責めている。身のまわりのことがうまくできず、生活に自信を無くしている。
・自律心が高いため、我慢し何も言えず、自分を責めている。極度の安静と脳動脈再発作後の安静から、再度、脳動脈再発作後は休息をとれば活動意欲は低下する。
・加齢、脳梗塞再発作後の筋力低下から、適度な休息がなければ活動意欲は低下する。

社会モデル
・忙しく働く支援者が多いため、Aさんのリズムで生活しにくい。
・Aさんが参加できるレクリエーション活動が少ないため、易疲労下にあるADL低下の原因だと気づいていない支援者が少なく、Aさんの社会性を発揮できない。
・筋力低下による易疲労があることがADL低下の原因だと気づいていない支援者がいるため、統一された支援が受けられない。

援助計画

目標①に対する支援助計画
・生活行動一つ一つを丁寧に意思確認を行う。
・YES, NOで返答できる質問にする。
・Aさんが理解でき、伝えられる言葉を使う。
・支援者がAさんとの会話が成立しないと感じても話しかける。
・Aさんが何か言いかけたら想起できるよう支援者が思い当たるキーワードを伝える。
・「分からない」と言われる時は、疲労を考慮し、休息を取ることを提案し、同意を得る。

目標②に対する支援助計画
音楽鑑賞（1日1回）
・必ずAさんに「CDを聴きますか」と尋ねる。
・Aさんは意思表示しないよう10分置きに体調確認を行う。
また、表情や姿勢の観察を行う。

7月15日『ホットケーキ会』
場所：ディルーム、時間：14時〜
メンバー：支援者数名、Aさんと話ができるY氏
上段でいつでもAさんが休息をとることができる。Aさんとゆっくり話ができるよう、支援者は見守る。一緒に参加する利用者は会話を楽しめる方々とする。

目標③に対する支援助計画

7月24日『アレンジメントづくり』
ホットケーキ会の写真をAさんと共に選び、支援者と一緒に居を閉じる。Aさんの居室、廊下に貼る写真も支援者と一緒に選ぶ。

・「しんどい」という発言や、体幹傾斜、閉眼など判断能力低下が考えられる、疲労が見られるので、休息をとっていただき、臥床するかなどをAさんに確認する。
・「分かりません」という時は疲労による判断能力低下の日は、午前中は休息し、排泄コントロールを行い、疲労を最小限にする。

(6) Aさんの支援計画シート（2）-1

利用者：Aさん　　性：女性　　年齢：70歳

解決すべき生活課題（ニーズ）　→長期目標	短期目標	実施日　目標　目標と変化	実施（内容・実施後の様子）	評価・考察・次回の対応
	（2週間後〜1ヶ月）（評価日　2週間後の7/15）①余暇時間の機会に、Aさんなりの言語や表情、行動により、意思疎通ができるようになる。②余暇時間の機会に、音楽鑑賞やその他のレクリエーションについて、自己決定し、支援者や入所者と一緒に楽しむことができる。③食事・排せつ・入浴などあらゆる場面において、Aさんなりの言語や表情、行動により、意思疎通ができるようになる。	7/8 目標①② 意思表出 支援開始 自室・車椅子	○11時過ぎに支援者が声を掛け、ディルームから車椅子で自室へ移動する。好みの曲をCDラジカセで流すが知りませんと答える。曲の説明をするが反応はない。「耳障りですか」と尋ねると「いいえ」。「お一人の方が気楽ですか」が受け取られなかったので、「はい」と答え、歌詞カードは手渡すが受け取られなかったので、膝に置いた。支援者は後方で見守ることにした。Aさんは時々歌詞カードを眺め、右頬杖をついたり、姿勢を正したりしていた。以降、確認のため10分置きに声をかけた。30分経過　Aさんは私行かなければ…と言う。「食事を気にして遠慮しているのでは」と考え、Aさんなら食事もまだ大丈夫ですよと伝えた。Aさんは安心した表情になった。40分経過　「しんどいですか、戻るか」と尋ねるといいえ」50分経過　「しんどいですか」「しんどいです」支援終了。「しんどい」と繰り返し、ため息が続いた。その後の昼食は進まなかった。途中でトイレに行くと排便が中等量あり、その後は食事は摂ることができた。	○何の曲かは分からなくても、心地よいのかもしれないと考えた。今後も継続する。クローズドクエスチョンに対し、Aさんが判断して返答されていることが伺えた。食事のことを気にして、ディルームにいつものように戻らなければいけない、という遠慮があるさんに見られた。このことをAさんが言葉に表出できていた。一人で過ごすことが好きなAさんが気兼ねなく音楽を聴けるよう、支援者が後方で見守ったことは良かったと考える。Aさんが集中できて、穏やかな時間を過ごせたのではないか。本日は50分経過「しんどい」という発言が見られた。疲労については今後の計画を考える必要があるものの、Aさんの意思表出ができていたことは評価する。次回は音楽鑑賞を40分間実施で、他の活動に影響を与え体力的に可能かを確認する。
		7/9 目標①② 音楽鑑賞40分間におけて意思決定支援・自主性の発現	○午前中は、疲労感が強く、臥床していた。13時30分　食事全量を摂る。表情は良い。14時30分「音楽を聴きに行きませんか」と尋ねると、車椅子で移動する。「はい」と軽快に顔を上げて答える。ディルームのソファへ、車椅子で移動する。そのまま音楽鑑賞を実施。座位は浅く、腰が沈んでいたが、そのまま音楽鑑賞を実施。10分置きに体調確認。40分間静かに閉眼し、支援者に話しかけられると目を開き、閉眼している。途中、おやつを食べると言い、体幹がやや傾き、おやつと水分を全て摂取した。15時10分「疲れた」と言い、体幹やや傾き、閉眼している。車椅子でディルームへ移動、おやつは介助にて摂取した。	○とても表情が良いので、（姿勢は気になるが、今日はこのままソファで気分転換に聴いていこう）と考えた。今回は40分間の音楽鑑賞で疲労が見られたが、これはソファ座位が筋力低下しているAさんにとって負担が大きかった可能性がある。鑑賞中は表情穏やかで自ら支援者に話しかけるなど、今までなかった自主性が見られた。心地よい余暇時間を過ごせたのではないかと考える。今後も継続していく。

（6）Aさんの支援計画シート（2）-2

利用者：Aさん　性：女性　年齢：70歳

解決すべき生活課題（ニーズ）	長期目標	短期目標	実施日 目標と変化	実施（内容・実施後の様子）	評価・考察・次回の対応
		（2週間後〜1ヶ月） （評価日　2週間後の7/15） ①余暇時間の機会に、Aさんなりの言語や表情、行動により、意思疎通ができるようになる。 ②余暇時間の機会に、音楽鑑賞やその他のレクリエーションについて、自己決定し、支援者や他入所者と一緒に楽しむことができる。 ③食事・排せつ・入浴においてあらゆる場面において、Aさんなりの言語や表情、行動により、意思疎通ができるようになる。	7/10 目標① 意思決定支援 主体的な発言 活動意欲の向上	○午前中、他の入所者と支援者と輪投げを実施。臥床なし。 「しんどい」と連発。時々閉眼しながら。 13時　ソファで○○のCDを視聴し、休息。 13時半〜入浴。直後にトイレで排便。支援者と「ダイエット、女の美意識」について話題が盛り上がる。 Aさんも笑顔で参加され、「しんどい」の発言もあり。 14時半〜夕食。1割は自力摂取する。残してもいいことを伝えると、「そんなんしたら、やっぱり食べへんでしょ」と応答。支援者が「ご飯はすすむか？苦手な食べ物はないか」と尋ねると、「はい」と答える。食事中、本日のAさんの活動性を話す「覚えてない。そうなん」と笑顔で話す。他の入所者が食べた皿にスイカやお茶ゼリーを見て、「あれ、気持ち悪い」と顔をしかめて車椅子座位。体幹傾斜なし。 20時〜　デイルームで車椅子座位。閉眼傾向。	○一日を通して、休息は3時間程のことが多いが、本日は1.5時間で輪投げや排便、入浴など活動量も多かった。しかし、一日を通して、「しんどい」という発言ばかりなく、体幹傾斜もあまりみられなかった。 むしろ、食事中「残して食べた方がよい」という支援者の声掛けに「食べた方がよい」でしょ」という発言が見られた。また、拒否の声を含め、意思表出が増えている。 色の取り合わせが気持ち悪かったのか、お皿の組み合わせが見づらく、今まで見られなかった自発的な発言も見られている。
			7/11 目標③ 多様な生活場面における主体的発言	○起床時に起きますという発言あり。 7時　体幹傾斜あり、傾眠している。 朝食　目力3割、介助7割で全量摂取する。 10時　臥床（1.5時間） 「しんどい」と言い、ため息あり。 トイレに誘導すると、オムツ内に排便が多量あり。「しんどい」という訴えが強かったので、20分臥床頻回する。 その後、Aさんに確認すると入浴前に出ないという声掛けで、昼食介助する。 全量摂取する。（自室） 13時　ソファへ2人介助で歩行で移動し、自ら「1.2」と声掛けしながら歩く。 15時　椅子にて映画鑑賞。ため息あり、座位も不安定。椅子リクライニングに変えず、椅子を変更する。 17時半　夕食は自力摂取し「お方痛い」と言う。食事を促すと「無理です!」困りますと言う。 20分休憩後、介助にて食10割摂取、副食2割。目の前に介助を受ける入所者が立つと、怪訝な顔をする。 尿失禁多量。	○臥床後の「しんどい」という訴えであるか、単なる休息不足とは考えにくい、それ以外の影響は排泄の可能性がある。 ○昼食時の発言や、歩行時に意欲的になるなど、意思確認を丁寧に行うことで、多様な生活場面において体幹傾斜が強まるより、臥床時間を1.5時間確保した。しかし、「しんどい」という発言が多発。排便後も、「しんどい」とのことから今後の主体的な発言を見守ることが必要ではないか。
			7/15 目標② 主体的な余暇活動への参加	○午前中　表情良い、1時間臥床、前日排尿あり。 14時　オムツ交換、排尿少量の便失禁。 14時半〜「ホットケーキづくりをいきましょう」とお誘いすると、「はい」と軽快に言った。「できるかな」。 1階デイルームに車椅子で移動し、ホットケーキ作りを行う。 Aさんは、材料を混ぜさせる作業、デコレーション作業を主に行なった。体幹傾斜も途中から強かったが、終始笑顔で他者との関わりを積極的にとり、「しんどい」という発言もなく16時まで過ごした。	○一人を好まないAさんであるため、介助を受けている入所者のいない、集中して各好する環境設定がより重要ではないか。

（6）Aさんの支援計画シート（2）-3

利用者：Aさん　　性：女性　　年齢：70歳

解決すべき生活課題（ニーズ）	長期目標	短期目標	実施日 目標と変化	実施（内容・実施後の様子）	評価・考察・次回の対応
		（2週間後～1ヶ月） （評価日　2週間後の7/15） ①余暇時間の機会に、Aさんなりの言葉や表情、行動により、意思疎通ができるようになる。 ⇒ 7/15 達成。さらに継続する。 ②余暇時間の機会に、音楽鑑賞やその他のレクリエーションについて自己決定し、支援者や入所者と一緒に楽しむことができる。 ⇒ 7/15 達成。さらに継続する。 ③食事・排せつ・入浴など生活のあらゆる場面において、Aさんなりの言葉や表情、行動により、意思疎通ができるようになる。 ⇒ 7/15 継続する。	7/15 2週間の評価		●7/15　2週間の評価 ○Aさんの意思を、言語・非言語で判断し、Aさん自身にも直接確認していった。その結果、余暇を楽しむことにつながった。 ～したいという発言はないが、自ら他者との会話を楽しむことや活動を積極的に行ったことで、活動意欲の向上、主体的な意思表出が見られているとも考える。 ○Aさんの発言内容を判断していくと、「わからない」「出来るかな」どうかしらと、気分が良い時に聞かれる言葉であった。一方、「これくらい困る」「無理」、気分が悪い時に聞かれる言葉であった。このような傾向が見えてきたため、今後のAさんの状態判断の目安が発見できた。 ○Aさんのため息や、体幹の傾斜、閉眼、「しんどい」という発言などが見られる時は疲労が強く、休息が必要であった。これまでにもこの傾向はあったが、この2週間のかかわりで再確認ができた。 ○余暇活動を含めたできる活動は、スムーズな排せつ、休息が大きく関与していることがわかった。今後は、特に排せつのコントロールについて具体的な計画を追記する。 ○2週間では疲労のため食事を介助することが多かった。意思表出や余暇活動を重視すれば、食事の介助は必要であるとも考えられる。Aさんの介助を心配さきさねていることには、意思決定だと捉えてよいのではないだろうか。この点は、今後様子を見て再評価する。 Aさんの活動を促すことは必要だが、今後のAさんの、加齢による心身機能の低下がないように進むことも考慮しなければならない。 ○目標①②は達成。今後も目標①②は継続しつつも、目標③に対し重点を置いて計画を追記する。

高齢者事例

第4章

対象者の主観的体験から生活課題を引き出し支援計画を作成する

1）主観的体験とは何か

　ＩＣＦのアセスメントには客観的次元と主観的次元が存在します。

　客観的次元は情報を６つの要素（健康状態と心身機能／身体構造、活動、参加、環境因子、個人因子）それぞれにマイナスとプラスに分けて整理し、対象者を客観的にとらえることを目的としています。

　これに対し、主観的次元では、対象者の意思の主観的な側面を主観的体験として言語化することを目的としています。例えば「やりたいことがあるのにできない」「気持ちをわかってもらえない」などです。ＩＣＦアセスメントシートでは、心の悩み、現状への不満を、本人を主語にして、本人の言葉で、本人の思っていること、感じているであろうこと、そのものを書きます。

　客観的次元での情報に、この主観的次元の情報を補うことで、その人本人の「生きることの全体像」をさらに深くとらえることができるようになります。

　上田敏は、この主観的体験を主観的障害（「体験としての障害」）と表現しました。客観的次元で起こる生活機能の障害が、対象者の主観的次元（心の中、内面）に影響を与える、客観的次元と主観的次元には関係性があると述べています。

　主観的体験は言語化されているとは限りません。主観的体験を知るためには、障害があるがゆえに起こる活動制限や参加制約、対象者にとってマイナスに働く環境因子など客観的次元の情報をもとに、対象者は何に悩み、何に不満を感じているのか、生活への思いや願いは何か、対象者の内面、意識を探りあてることが必要になります。

　障害が重度、軽度だということにかかわらず、障害とともに生きる中で、自己肯定感を持ちにくくマイナスの感情から逃れられないという場合もあれば、障害を受け入れ、自信を持ち、プラスの感情に切り替えていくことができる場合もあります。対象者の主観的体験（心の中、内面）は、生きていくためのエネルギーであり、希望でもあります。

　「主観」と「主体」の関係性について、西村修一は、「物事を考える心の働きである『主観』と自らの意思に基づいて行動する『主体』は、切り離すことのできないものである」と述べています。

　「対象者が自分の意志・判断によって活動や参加ができる」そのことは「意思決定ができる」ことであり、それは「自らが生活の主体となる」ことにも

自己肯定感
　自己の価値に関する感覚。自分についてどう考え、どう感じているかという自己の価値に関する感覚。

つながります。生活支援の場面において主観的体験をとらえることは、対象者主体の支援を実現するために欠かせないものです。

例えば、第3章に紹介されているAさんは、時間がかかるけれども食事や排泄や入浴などの動作を、自分でできることもあります。しかし介助を受けなければならない。失語症もあり、上手く話すこともできません。以前のAさんは、社交的な性格で話好き、真面目で自律心が強く「自分のことは自分でしたい」と思っていました。しかし、今では疲れると自分の思い通りに体が動かない、言葉で伝えようと思っても伝わりにくい、それを一部の職員には依存的、意欲低下があると見られてしまっている。それはAさんにとって本当に辛いことであり、自信を保つことすら、時に難しくしているかもしれません。そんなAさんの姿から、主観的体験は「自分でできることがあるのにわかってもらえない」「伝えようとしているのに、理解してもらえない」としました。これはAさんが口に出している言葉ではないものの、ICF情報整理シートからICFアセスメントシートの作成にいたる過程で、客観的事実となる生データから導き出したものです。

2）主観的体験から障害をとらえる

ICFで障害をとらえるモデルは、医学モデルと社会モデルとを総合した統合モデルであると紹介されています。医学モデルと社会モデルでは、障害の原因の捉え方、解決の手段、アプローチが大きく異なります。2つの異なるモデルの特徴を理解し、それぞれのモデルで障害を捉え、生活課題の解決を目指すため、2つのモデルを使い分けたり、組み合わせたりして活用することが統合モデルの考え方です。

医学モデルと社会モデルで障害をとらえるためには、先の客観的次元におけるICFの6つの要素における情報が網羅されていることが前提となります。そして、障害をとらえる際には、主観的体験を見落とさず、対象者は何に悩み、何に不満を感じているのか、生活への思いや願いは何かに焦点を当てます。その上でそれらの解決を目指すのに妨げとなっているものが何か、客観的次元の情報から明らかにしていきます。支援者が問題（課題）だと考えていることから出発するのではなく、対象者の主観的体験から出発することが何より重要なのです。

では次に、医学モデルと社会モデルの特徴についてみていきましょう。

医学、社会それぞれのモデルで、Aさんの障害をとらえたものを、56頁の支援計画シート(1)右上部に記載しています。参照してください。

(1) 医学モデルで障害をとらえる

□医学モデル…「問題志向型」

　障害の原因は個人にある⇒個人に働きかける（治療／リハビリ／指導）ことで、個人が変化する。ＩＣＦの「健康状態」や「心身機能／身体構造」の改善を重視

　医学モデルでは、障害の原因は個人の問題だと捉え、疾患、外傷、その他の健康状態を原因とし、直接的に障害が生じるとしています。医学的側面から個人に直接的に働きかける治療による状態像の回復や、リハビリによる行動変容が問題解決の手段となります。アプローチの方法は問題志向型であり、障害を異常なものととらえ、個人が変化し、社会に適応していくことで問題の解決を目指すモデルです。

　医学モデルのみで障害をとらえることの問題点としては、「健康状態」や「心身機能・身体構造」を過大に評価しすぎることで、「活動」や「参加」といった人が生きていくために重要な生活機能や背景因子が見逃されてしまうということにあります。しかしながら健康状態や心身機能・身体構造に医学的側面から直接働きかけるということは、科学的根拠にもとづいて変化が予測可能であり、その延長線上での生活支援も具体的援助方針が明確に立てられるという利点もあります。

(2) 社会モデルで障害をとらえる

□社会モデル…「目標志向型」

　障害の原因は社会（環境）にある⇒社会に働きかける（人的・物的環境の改善）ことで、社会が変化。ＩＣＦの「参加」、「環境因子」の改善を重視

　社会モデルでは、障害の原因は社会が作りだしていると捉え、生活全般の完全参加に必要な環境を整えることを社会全体の共同責任とし、社会的側面から個人に間接的に働きかける環境の改善が問題解決の手段となります。アプローチの方法は目標志向型であり、障害を個性としてとらえ、社会が変化していくことで問題の解決を目指すモデルです。

　社会モデルのみで障害をとらえることの問題点としては、社会的な「参加」と「環境因子」を過大に評価しすぎることで、「健康状態」や「心身機能・身体構造」の阻害因子を見落とし、医学的側面から生活を改善する機会を失う可能性があります。しかしながらこの社会モデルは、障害のある人の生活全般への完全参加を目指す「ノーマライゼーション」の理念と通じるところがあり、目指すべき支援の道筋には必ず必要で、おろそかにされるべきもの

ではありません。

（3）統合モデルで障害をとらえる：「生きることの全体像」の中の障害

　ＩＣＦは６つの要素から「生きることの全体像」をとらえ、医学モデルと社会モデルを統合し、生物（生命）、個人（生活）、社会（人生）のレベルに働きかける統合モデルを確立させました。統合モデルの特徴は、①～③の通りです。

①ＩＣＦの６つの要素の全てを重視する

　特定の要素をとらえるのではなく、全体的に視野を広げてとらえる。

②ＩＣＦの６つの要素の相互作用を重視する

　生活機能「心身機能／身体構造」「活動」「参加」の３つの要素が互いに影響を及ぼし、さらに「健康状態」「環境因子」と「個人因子」がそれらと影響を及ぼし合う相互作用を重視する。ただし、影響を与え合わない要素もあるという相対的独立性も意識する。

③ＩＣＦの６つの要素のプラス面を重視する

　プラス面を重視し、マイナス面（−）をプラス面（＋）の中に位置づけてとらえる。

　ＩＣＦのアセスメントでは、６つの要素の情報をシートに書き込むことで情報を可視化できるという特徴があり、不足している情報は何かに気づくことができます。同時に各要素間のつながりが見えることで、「□□だから、○○ではないか？」という仮説を導き出すこともできます。そして、ＩＣＦの統合モデルは「マイナス面もプラス面の中に位置づける」「生きることの全体像」の中に障害があるという新しい障害観を生み出しました。これは障害のマイナス面を強調したＩＣＩＤＨにはなかったものです。

　以前から「障害は個性」とプラス面を強調する障害観は存在しましたが、そこにはマイナスをマイナスとしてとらえる客観性が欠けていたように思います。ＩＣＦのアセスメントでは生活機能、背景因子の阻害因子（−）と促進因子（＋）の両面をとらえ、より客観的に、正確に、対象者の姿を明らかにすることができます。

　この「マイナス面もプラス面の中に位置づける」という意識は、実際の支援の方向性にも変化をもたらしました。〈△△ができない　⇒　△△をできるようにする〉というように、対象者のできないことに焦点をあてる「弱み（−）」に働きかける支援ばかりではなく、〈△△ができない　⇒　でも●●ができる〉というように、対象者のできることに焦点をあて、幅を広げてい

　ＩＣＩＤＨ　国際障害分類。詳しくは《ワークブック》71頁

く「強み（＋）」に働きかける支援も広がってきています。

　ＩＣＦでは、同じ活動でも「している活動」と「できる（可能性のある）活動」とを区別しています。現在の実行状況と実行できる能力があるかを別々に評価し、そこになぜ差が生じているのかを明らかにします。今できていることから、次のステップとしてどのような活動が可能であるのかという、事実に基づく予測も含めたアセスメントができるのもＩＣＦ活用の利点のひとつです。

3）主観的体験から意欲・希望に変換する

　前述したように、主観的体験とは、対象者の意識の主観的な側面を言語化することです。対象者が表出している言葉、表情、態度などから、何に悩み、何に不満を感じているのか、生活への思いや願いは何か、対象者の心の中、内面を探りあてていきます。対象者が表出する言葉、表情、態度から読み取ることが難しい場合は、客観的次元の情報をもとにし、対象者の視点で主観的体験は何かの仮説を立てていきます。

　主観的体験を明らかにすることができたら、これを対象者の意欲・希望に転換していきます。ここでいう「意欲・希望」とは、対象者が望む、対象者に満足をもたらす生活の状態像を表したものです。ＩＣＦのアセスメントでとらえた「生きるための全体像」を基に、対象者の生物（生命）、個人（生活）、社会（人生）をより豊かに充実したものにしていく、そこに向かうための「意欲・希望」になります。

　主観的体験には、顕在化している欲求、願望（デザイア）、要望（デマンド）が含まれています。

　それらはそのまま意欲・希望として転換できる場合もあれば、そうでない場合があります。例えば対象者の生物（生命）、個人（生活）、社会（人生）の質を損なう可能性のあるもの、非現実的で実現不可能なものは意欲・希望にはなり得ません。しかし、欲求、願望（デザイア）、要望（デマンド）を否定したり、押し込めたりするのではなく、その内容を吟味し、何が背景となっているかを「生きるための全体像」の中から明らかにしていくことが必要です。対象者が望む、対象者に満足をもたらす生活の状態像をゴールにおきながら、ここではゴールに向かっていくための具体的な「活動」や「参加」の姿に置き換えて考えてみましょう。

4）意欲・希望から生活課題（ニーズ）を引き出す

　ここでは「ニーズ」と「生活課題」を同じものと解釈します。
　ニーズとは、対象者が望む、対象者に満足をもたらす生活の状態像を目指し、対象者が生きていくために必要な要求を指しています。支援者がＩＣＦを活用し導き出した「生きるための全体像」から、対象者の将来像を思い描き、それを対象者の意欲・希望とすり合わせ、客観的な要求に変化させていきます。これを真のニーズと呼びます。ニーズとは客観的なものであり、支援者と対象者が、同じ目的で同じ方向に向かって、共に進んでいくことが可能となるものです。また支援においてＩＣＦを共通言語として多職種との連携を図るために、ニーズには普遍性を持たせる必要があります。
　本来、ＩＣＦは情報を分類するコードであり、分類そのものから自動的にニーズを導き出せるものではありません。情報の収集、整理、分析から、対象者の客観的次元と主観的次元をとらえることができてこそ真のニーズにたどり着くのです。ここでは情報を取り扱う支援者の姿勢、倫理観、人間観、価値観が、ニーズをとらえる視点に反映されます。このような支援者の視点の変化は、今までとらえていたニーズが違っていたことに気づくことにつながり、支援そのものにも変化が生じます。ニーズは必ず存在する、その意識をもって対象者を「観る」ことが、その人の意思を反映した支援につながっていきます。

5）生活課題（ニーズ）のとらえ方

　生活課題（ニーズ）について、さらに説明を進めます。
　例えば、生活機能の低下によって、以前はできていた車いす自走ができなくなった人に対し、「以前のようにできるようになってほしい」と願うのは、みな同じです。ただし、<u>本人が本当に望むことなのか</u>を吟味する必要があります。例えば、本人が「前のように車いすに乗って自分で動きたい」としきりに言っている場合、私たちの願いと一致している本人のこの思いを叶えることが重要に見えます。しかし、よくアセスメントした結果、動くことが本人の身体の負担になるという状況が見えたとしたらニーズは変わるかもしれません。
　では、「それでも動きたい」と本人が言った場合、どうすればよいでしょ

ニーズ

　要望や欲求でなく、その人が人として発達し、健康を守り、人生を切り開いていくために必要な生活上の要求です。《ワークブック》90頁参照

うか。このような時こそ、なぜ「それでも動きたい」と言っているのかをみんなで考える必要があります。すると、本人の「動きたい」という気持ちの裏にあることが見えてきます。それは、「自分で車いすを動かすように、何かを自分でしたい」のかもしれませんし、「人に頼らず車いすを動かして、好きな時に好きな人に会いたい」のかもしれません。前者は、車いすを自走することや、単に移動するということではなく、自分で行う満足を求めていることになります。言い換えると、「主体的な要望の実現」になるかもしれません。後者は、自由に好きな人に会うという「参加の権利」を求めていることになります。このようにして導いたニーズ、つまり本人の生活課題は、「主体的に行動したい」「自由に人に会いたい」となります。

　私たちは現場でさまざまな対象者と出会い、その経験から「今この人に必要なことは○○だ」とすぐに思いつくようになっていきます。それはとても素晴らしいことです。しかし、思いつきだけで安易に判断してしまえば、その方法は他の人に当てはまらなくなります。その場しのぎの対応ではなく、1つひとつの経験を多くの対象者に活かせるよう熟考することが大切です。つまり対象者が「障害を担って、いかに生きるか」「高齢でいかに生きるか」という問いに答えるためのニーズであるためには普遍性が求められるのです。

　これまで述べたことを要約すると、ニーズとは対象者が望む、対象者に満足をもたらす生活の状態像を目指し、対象者が生きていくために必要な要求となります。ニーズは、できていないことを課題と考える視点も大切ですが、できていないという状況の本質に触れてこそ、対象者が生きていくことの支援につながると考えます。

　第3章で紹介したAさんの場合、一見、言葉による意思疎通の難しさが課題のように見えました。その後ICFを用いたアセスメントを通して、少ない言葉や非言語を使い意思を伝えようとしていることがわかってきました。そして、伝えようとしていることがうまく伝わらず「本来の私はこうではない。それをわかってもらえない」というAさんのジレンマともいえる思いが見えてきました。

　さらにAさんは、「介助を受けなければ生活が成り行かない」ことを理解しつつも「介助を受けることを納得して受け入れられない（受けたくない）」という葛藤の中にいるのだとわかりました。アセスメントの結果、「Aさんは、自分で自分の状況をよくわかっているにもかかわらず、主体的に介助を受けることができない」というところに辿り着いたのです。

「生きていくために必要な要求」
　「障害を担っている状態をどうやって人間らしく生きるために乗り越えるか、高齢期にどうやって人間らしく人生を全うするか」という問いにあるように、人間らしくという体験を、私たち支援者は本人とともに担う役割があると考えます。加えて、「現実は、ただ単に食事をして排泄をしてお風呂に入っているだけではない。尊敬され、人間的な共感に満ちた周囲に囲まれて、ああ自分はこの社会に存在している価値があるんだと思える。そういう状況の中でこそ、力を発揮できる」ということに目を向ける必要があると思います。(出典：黒澤貞夫(2014)「いかに生きるか深い人間理解の思

第3章にあるように、Aさんは自律心の高い人だからこそ他者の介助を受けたくないという思いがあり、かつ、自分でできることが活かされていない現状があります。では、Aさんにできることは何でしょうか。それは、「できることを自分で決めること」です。Aさんができることは他にもありますが、体調を崩しやすく、活動や参加の内容が体調の変動に影響されている現状では、行動できることを増やすという方向性はそぐわないのではないかと考えました。つまり、体調の変動に伴い行動ができたりできなかったりすれば、Aさんは「自分で生活している」という満足感や、自分の存在感が得られないのではないかと考えたのです。

　以上から、Aさんのニーズは、「現状をAさん自身が整理すること。Aさんの思いを支援者にも理解してもらうこと。Aさんのペースで意思決定を行うことによって、自律した生活ができること」となりました。

6）目標とは何か

　生活課題（ニーズ）を解決するために、具体的な計画を立案します。その計画の指標となるのが「目標」です。目標とは何か、ここでは、（1）生活支援における目標、および、（2）意思決定を支える目標とは何かについて説明します。

（1）生活支援における目標

　生活支援における目標には、①生活上の行動目標である、②生活する場における支援者と共有できる目標である、という2つの性質があります。

性質①生活上の行動目標である

　生活支援における目標は、行動を具体的に表すものである必要があります。また、ここでいう「行動」とは、「身体的活動」だけでなく「心的活動」も含みます。例えば「歩く」という行動のみならず、「口をあける」などの小さな行動や「笑う」などの心的活動を表現する行動も含まれます。
　目標とは行動が目指す結果を指しており、目指す行動を評価できるような指標であることが必要です。その行動が引き出されるために特定の動機が前提条件となります。

性質②対象者と支援者が共有できる目標である

　生活支援における目標は、対象者と生活支援を行う支援者との間で共有で

想があります」月刊ケアマネジメント25巻7号、32－34頁）

生きることの全体像を捉える

　Aさんの事例のように、対象者の生活の全体像をきちんと描き、そこから生活課題（ニーズ）を導くことがとても大切です。

目標とは

　身体的活動、心的活動など生体の行う行動が目指している最終的な結果。このような行動が引き起こされるためには生体が特定の動機、動因の状態にあることを必要とするが，必ずしもその最終結果についての観念をもっていたり、意識していたりする必要はない。（出典：フランク・B・ギブニー（1974）『ブリタニカ国際大百科事典』小項目事典6巻453巻、ティービーエス・ブリタニカ）

きることが必要です。それは、生活支援という方法を介して、その両者の間における行動目標になるからです。

生活支援の場では、支援者が「対象者にとって本当に必要なこと」を目標にしたいと考えたとしても、現実的にはさまざまな規制によって実現が困難だと思うことがあります。そのようなとき、支援者は「無理だ、できない」と思い、目標を実現可能なものに安易に設定してしまいがちです。しかし、それでは支援者が対象者の生活を制限することにつながる可能性があります。だからこそ、対象者と支援者が共有できる目標という視点が重要です。

（2）意思決定を支える目標

意思決定を支える目標にはどのような視点があるか、ＩＣＦの３つの生活機能（参加・活動・身体構造／心身機能）の観点で説明します。

◆人生レベルにおける目標

人生における目標とは何でしょうか。人は生きていく過程（ライフサイクル）で、その節目節目に必要な選択や決断をしながら人生を歩んでいきます。その選択や決断の拠り所となるのが自分らしさや価値観であり、それに応じた目標を設定していきます。目標には、「この高校に行きたい」「この職場に就職したい」という自らの進路の決定や、「毎日を無事に過ごす」「子どもが一人前になる」などの願い、「夢を叶えたい」「さまざまな経験をし、成長したい」という自己実現につながることも含まれます。その人らしい人生の目標は必ず存在しうるため、生活支援における目標を設定する際は、このことを意識する必要があります。

◆生活レベルにおける目標

生活における目標とは何でしょうか。生活の定義は難しいですが、ＩＣＦでの「生活レベル」として捉えた場合は「生活行為（活動）」となります。そこで、「生きるために目的をもって行う一連の動作からなる生活行為（活動）」における目標を、「生活における目標」とします。

生活における目標は、日常の習慣によるものも含まれます。例えば、自宅では毎朝8時に珈琲を飲む習慣があった高齢の女性が、施設に入居したとします。施設でも同じ習慣をしていきたいという意思が示され、それが推測された場合は、短期目標に「毎朝８時に居室で、椅子に座って気の合う職員と珈琲を飲む時間を楽しむ」というような目標が上がります。

◆生命レベルにおける目標

ＩＣＦの３つの生活機能（参加・活動・身体構造／心身機能）

ＩＣＦ原本を直訳すると（社会レベル・個人レベル・生物レベル）になりますが、日本では（人生レベル・生活レベル・生命レベル）と訳され紹介されてきました。《ワークブック》73頁参照。

生活における目標

単に生活習慣を目標にすればよいという事ではなく、生活課題（ニーズ）を導き、この目標が重要であるという判断に基づいたものであるということが大切です。

生命における目標とは、言い換えれば健康に関する目標のことを指します。対象者が健康を維持するために必要な目標や、対象者が有意義な日常生活を過ごすために留意しなければならない心身に関する目標を言います。疾病や障害と付き合いながら生きていくために、健康上の目標が重要になることがしばしばあります。

また、生活支援の場においては、時に終末期、人生の最期に関する目標が含まれます。具体的には、最期をどこで誰と過ごすことを望むのか、延命治療を選択するかどうかなどです。

7）目標の設定

目標とは、ある行動が目指しているものであり、目指す結果・指標であると前述しました。支援計画の場合、目指しているものは、生活課題（ニーズ）の解決になり、目指すところにたどりつくための具体的な行動が援助計画の中に記されます。

目標は、最終的に生活課題（ニーズ）が解決された姿、つまり期待される姿を描き記入します。そのために、目標を段階的に設定します。段階的とは、単純なものから複雑なものへ、対象者にとって達成しやすいものから難しいものへと順序を考え、設定するということです。また、長期目標と短期目標の関係は、短期目標を達成することによって長期目標の達成につながるということです。つまり、短期目標は、長期目標達成のためのスモールステップであるため、長期目標より具体的な内容になります。

では、「生活課題（ニーズ）」「長期目標」「短期目標」のつながりを、Ａさんの事例で具体的に見ていきましょう。

①Ａさんの「生活課題（ニーズ）」と「長期目標」のつながり

Ａさんが、「生活課題：介助を受けたくない気持ちと、介助を受けざるを得ない現状との中で、自分の気持ちを整理することができるようになる」ということは、「長期目標（1）：支援してもらうことを心置きなく支援者に委ねる」という姿がＡさんにみられることが指標になります。Ａさんが悶々とした自分の気持ちを整理するのは、Ａさんだけの力では難しいことです。そのために必要な支援として、まず対象者と支援者の互いの関係性を深めることが重要になります。そして、「生活課題：本来の自分の姿とのギャップから自信を無くしていることを、支援者に理解してもらう」ことの解決は、「長

生活支援における目標において目指す自立・自律支援とは：

意思決定支援に沿った目標を立てるには、自律の定義を押さえておく必要があります。「自分のことを自分で決めることができる」という〈自律〉と、「自分のことを自分でできる」という〈自立〉を、ともに追っていくことが意思決定支援につながります。反対に、生活の中で意志決定を多く繰りかえすことが自立・自律ともつながっています。（箕岡真子・稲葉一人編著『高齢者ケアにおける介護倫理』）

意思決定支援とは：

①対象者が意思決定の意味を理解し、自己実現を図ることへの確信を持てるようになる支援。②対象者がニーズを実現していくという成功体験をベースに、さらなる意思決定し、その実現に向けた方向性を見出すための支援。（③略）④対象者自らが主体となり、提示された情報を元にニーズの実現に向けての方法も含めて決定し、実現を図ることを最大の目標とする。

期目標（2）：支援者との関係性の中で、自分のペースで生活上の自己選択・決定を行う」ことが指標になります。

　3点目の「生活課題：Aさんが自分で決められることは自分のペースで決定し、自律した生活を継続する」ことの解決は、「長期目標（3）：主体的に、生活のあらゆる場面において意思決定ができる」という指標です。

②Aさんの「長期目標」について

　長期目標（1）と（2）は、「支援者に委ねること」で「支援者との関係性」が深まり「Aさんが自己選択・決定を行う」ことにつながるという位置づけですが、反対に、「Aさんが自己選択・決定」を行えるような関わりを支援者がすれば「支援者との関係性」が深まり「Aさんは支援者に委ねることができるようになる」という位置づけにもなっています（右表「長期目標（1）（2）」参照）。

　一方、長期目標（3）は、「主体的に」「生活のあらゆる面で」としており、（1）、（2）が達成できた後、複雑な（3）の段階へ、という位置づけです（表「長期目標（3）」参照）。

③Aさんの「長期目標」と「短期目標」のつながり

　短期目標は、長期目標（1）の達成に向けて、まず余暇支援の時間に焦点をあてた内容になっています。「短期目標①：余暇時間の機会に、Aさんなりの言語や表情、行動により、意思疎通ができるようになる」です。短期目標②も「余暇時間の機会に、音楽鑑賞やその他のレクリエーションについて、自己決定し、支援者や入所者と一緒に楽しむことができる」と、余暇支援の時間に焦点をあて、長期目標（1）の達成を目指す内容になっています。同時に、短期目標①と②は、支援者との意思疎通や支援者と一緒の余暇活動に関する目標になっており、「長期目標（2）：支援者との関係性の中で、自分のペースで生活上の自己選択・決定を行う」も目指しています（右表「短期目標①②」参照）。

　短期目標②にある「（余暇時間を）楽しむ」という内容は、単純に楽しむこともそうですが、自分で決めたことについて満足することも含まれています。自分で決めた余暇活動の中で楽しめたことは、Aさんにとって達成感となり、自分が社会に存在している実感となると考えます。この積み重ねがAさんの自尊心を高め、Aさんが自分の気持ちを整理できるようになるという意味が含まれるのです。

　「短期目標③：生活のあらゆる場面において、Aさんなりの言語や表情、行動により、意思疎通ができるようになる」は、「長期目標（3）：主体的に、

自尊心（自尊感情）

　自分自身の存在価値や能力全般に対する自信のことをいいます

第4章　対象者の主観的体験から生活課題を引き出し支援計画を作成する

表3　Aさんの「解決すべき生活課題（ニーズ）」「長期目標」「短期目標」のつながり

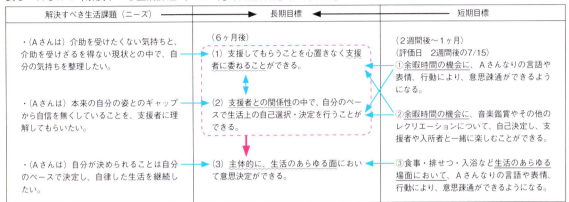

生活のあらゆる場面において意思決定ができる」を目指した、複雑かつ難しい目標になっています。「Aさんなりの言語や表情、行動により」というのは、支援者がAさんに対し、あらゆる工夫や環境設定・関係性の確保などを十分に行なった上での何らかの意思表出、支援者との意思疎通のことです。これは、「支援者や周囲の人びととの関わりの中で、目標を達成する」という視点が含まれているということです。また、この目標はAさんが発する語彙数が増えるという視点ではないことに、留意する必要があります。

意思決定支援の3要素
1) 意思疎通
2) 意思形成
3) 意思実現

8）支援計画の立案

（1）支援計画はできる範囲で立案するものではない

　ICFを活用したアセスメントにより対象者の全体像を捉え、目的、目標が設定できたら、いよいよ支援計画の立案に入ります。ここで注意しなければならないことは、支援者がかかわることのできる範囲の中で支援計画を組んでしまいがちだということです。せっかく対象者の主観的体験や意欲・希望に焦点を当て、対象者の目線で生活課題（ニーズ）をとらえることができていたのに、最後の最後、支援計画に至る段階で対象者が使える社会資源やサービスは何かという現実的な支援者の目線で支援の方向性が切り替わってしまうことが多くあります。

　もちろん対象者が活用できる社会資源やサービスにはどのようなものがあるか、今までどのように活用をしてきたかについて知っておくことは重要なことです。前述したように、支援者は対象者の生活課題（ニーズ）の実現を前提とし、実現に向けての具体的方法や課題（困難性・リスクを含む）等を

客観的・具体的に情報として提示することが求められます。表明された意思の内容実現を拒むことなく、より積極的に実現の可能性を探るための支援のために、社会資源やサービスは客観的情報として提供される必要があります。意思決定支援は、対象者の生活課題（ニーズ）を社会資源やサービスにあてはめるものではないということを前提として取り組んでいきましょう。

（2）支援計画は6W2Hで立てる

　支援計画は、対象者の個別の生活課題（ニーズ）を実現するためのものであり、生活課題（ニーズ）の実現によって対象者が目指す状態像を明らかにするものです。対象者を主体とし、その意思が反映され、自立・自律を支援することを目標に置いていることが前提となります。ここでは対象者が目指す状態像を達成するために、有効かつ現実的で実践可能な具体的な方法が示されなくてはなりません。そして支援計画の内容の検討の段階から対象者本人が「①情報の提供を受け、②判断し、③内容を決定する」というプロセスが意思決定支援をふまえた支援計画立案の条件となります。

　支援計画が決定したら、目標の実現に必要なチーム（同職種or多職種／フォーマルorインフォーマル）を結成します。「対象者の生活課題（ニーズ）の実現」という目的を一致させ連携を図るためには、チームとして支援の方向性や具体的内容を共有する必要性があります。そのため、支援計画は6W2Hで立てるのが原則です。

石野育子「介護過程」『最新介護福祉全書』2006年、第4刷、98頁。

表4　6W2Hとは

When（いつ）	時間（何日／何時／何分間）などを明確にする
Where（どこで）	場所を明確にする
Who（誰が） Whom（誰に）	誰が誰にかかわるのか、各々の役割は何かを明確にする
What（何を）	計画の具体的な内容を明確にする
How（どのように）	変更が生じる可能性がある場合は、対案も併せて示す
Why（なぜ）	なぜそうするのか、生活課題（ニーズ）と照らし合わせて根拠を明らかにする
How Much/Many（いくら、いくつ）	数量で表せるもの（費用／個数／分量／台数）を明確にする

　支援は継続的に行われ、対象者の状態像を再アセスメントし、個別の生活課題（ニーズ）の実現がどのような影響を与えているのか、評価・考察をする必要があります。

第5章
評価

この章では、評価とは何かについて整理し、支援計画に基づく実践をどのように評価していくのかを解説していきます（第3章で紹介したAさんの事例を参照しながら読み進めてください）。

1）評価とは何か

　明確な評価を行うために、評価では結果（実施した内容に対する対象者の反応・実施後の様子）に対して支援者が判断をした内容と、なぜそのように判断したのかをわかりやすく示す必要があります。すなわち、評価には、分析・考察の視点が必要です。

　分析は、支援者が行ったことや、対象者の内面（対象者が考えていたこと・感じていたこと、悩み、希望など）が何だったのかを、事実（対象者の反応や、行動によってもたらされた結果）にもとづいて判断します。また、対象者の体調、痛み、活力、意欲などはどうだったのかについても判断します。対象者のことを分析する際は、介護・福祉・医療に関する知識や価値をもとにすることも重要です。

　考察は、対象者の立場に立ち、行った支援についてふり返ります。結果がどうであったかを、①なぜできたのか、なぜできなかったのか、②対象者の立場から考えると、それは良かったと考えられるのか、③対象者の立場から考えると、○○のように関わることが必要だったのではないかという3点を、援助計画の目標や方法に照らして考察することが必要です。また、行った支援をふり返り、より良い支援とは何かを考察することも必要になります。何のために行うのか、介護・福祉・医療の基本となる知識や価値に照らして考えることになります。

2）援助計画実施後の評価方法

（1）客観性のある記録について

　Aさんの事例でも、対象者の様子、支援者の行ったこと、そしてその場面における周辺の様子が＜実施＞の部分に記録されています。ここで留意しなければならないことは、事実と支援者の評価を明確に分けることです。事実に支援者の評価を入れてしまうと、その後の評価にズレが生じることがあります。

　事例の＜実施＞の記録には、「11時過ぎに支援者が声をかけ、デイルーム

評価のポイントは、以下の3点です。
①期待される結果（目指す対象者の姿）が達成されたかどうかの判断をする。
②目標達成・未達成に影響した要因を明確にする。
③計画変更の必要性を判断し、必要に応じて計画を修正する。

評価の根拠となる実施記録： 援助計画に基づき支援を実施した際には、必ずその場面を記録に残しましょう。その場面の記録は、その支援後の評価においては欠かせないものとなります。支援者の「記憶」に頼り、「記憶」

から車いすで自室へ移動する」「途中でトイレに行くと排便が中等量あり、その後は食事ができた」など、事実のみが記述されているのがわかります。

また、発言内容も一つの情報として捉えます。例えば、利用者が「うれしい」「おいしい」と発言したとしましょう。しかし、「うれしい」と言ったから本人はうれしいと感じている、「おいしい」と言ったからおいしいと感じていると、即座に捉えるのはあまりにも短絡的な発想です。「うれしい」「おいしい」は本人の主観のため、本来は支援者など他者には可視化できません。そのため、あらゆる客観的情報を集めてアセスメントする必要があります。ところが、しばしば支援者はその場の感覚で、「きっとうれしいと思っているだろう」「きっとおいしいと思っているだろう」と考えがちです。それはまちがった評価につながりかねません。後にしっかりアセスメントし、本人がどのように感じていたかを分析するためにも、実施を記録する段階では、「どのような態度や表情だったか」を記録していくことが必要です。

（2）評価を行う際に、大切にしたい視点
①視点その1：その場面における本人の思いや考え、身体状況、活動の状況

評価は、客観的事実（情報）に基づいて評価していきます。では、事例Aの＜実施＞の部分と＜評価・考察・次の対応＞の部分を照らし合わせて見てみましょう。

＜実施＞には「都はるみの曲をCDラジカセで流すと「知りません」と答える。曲の説明をするが反応はない。『耳障りですか』と尋ねると『いいえ』（中略）と答える」と、客観的事実が記述されています。

それに対して、＜評価・考察・次回の対応＞には「何の曲かは分からなくても、心地よいのかもしれないと考えた」と、この時のAさんの気持ちを分析しています。

また、続いて＜実施＞の記述に、「Aさんは『私行かなければ』と言う。支援者は（食事を気にして遠慮しているのでは）と考え、『食事ならまだ大丈夫ですよ』と伝えた。Aさんは安心した表情になった」とあります。これに対して＜評価・考察・次回の対応＞のところでは「食事のことを気にし、デイルームにいつものように戻らなければいけない、という遠慮がAさんに見られた。このことをAさんが言葉で表出できていた」と分析しています。

をもとに評価することは決して行ってはいけません。記録をする際は、本人の言動（発言内容、発言の様子、表情、態度）、支援者の言動、その場の周りの様子（環境）など、つまり「見えているもの」すべてに視点を置き、時系列に記述していきます。

○**客観的事実から評価する**：常に客観的事実の記録から評価していくことが必要です。ここではAさんの気持ちや考えについて評価しています。

○客観的事実から評価する

実施（内容・実施後の様子）		評価・考察・次回の対応
都はるみの曲をCDラジカセで流すと「知りません」と答える。 　曲の説明をするが反応はない。 　「耳障りですか」と尋ねると「いいえ」 　「お一人のほうが気楽ですか」と尋ねると「はい」と答える。 　歌詞カードは手渡すが受け取られなかったので、膝に置いた。 　支援者は後方で見守ることにした。 　Aさんは時々歌詞カードを眺め、右頬杖をついたり、姿勢を正したりしていた。		何の曲かは分からなくても、心地よいのかもしれないと考えた。
30分経過　Aさんは「私行かなければ」と言う。 　支援者は（食事を気にして遠慮しているのでは）と考え、「食事ならまだ大丈夫ですよ」と伝えた。 　Aさんは安心した表情になった。		食事のことを気にし、ディルームにいつものように戻らなければいけない、という遠慮がAさんに見られた。このことをAさんが言葉で表出できていた。

○**複数の情報を統合して評価する**：評価は、客観的事実の記録（つまり情報）を基にすること、そして複数の情報を統合させて行う必要があります。

　その後の＜実施＞の記述には、昼食後、ディルームのソファに行き音楽鑑賞をした様子が記述されています。「40分間静かに閉眼したり、支援者に話しかけたりする。途中、おやつを勧めると『いらない』と答える」の事実に対して、＜評価・考察・次回の対応＞には、「今回は40分間の音楽鑑賞で疲労が見られたが、これはソファ座位が筋力低下しているAさんにとって負担であった可能性はある」と評価しています。この場面においてAさんは、結果的に「疲労」を伴うことになったのですが、そう判断した根拠は＜実施＞に記述されている「40分間静かに閉眼されたり……」や「途中おやつを勧めると『いらない』」と答えたところにあります。

○複数の情報を統合して評価する

実施（内容・実施後の様子）		評価・考察・次回の対応
ディルームのソファへ、車椅子で移動する。 　座位は浅く、腰が沈んでいたが、そのまま音楽鑑賞を実施。 　10分置きに体調確認。 　40分間静かに閉眼したり、支援者に話しかけたりする。 　途中、おやつを勧めると「いらない」と答える。 15時10分　「疲れた」と言い、体幹が傾き、閉眼している。 　車椅子でディルームへ移動。おやつは介助で全て摂取した。		今回は40分間の音楽鑑賞で疲労が見られたが、これはソファ座位が筋力低下しているAさんにとって負担であった可能性はある。

○**目標の項目に沿って評価する**：目標である「意思疎通ができるようになる」という目標にむかってこの場面において支援者が働きかけたことによって、本人が「意思疎通ができる」ことに繋がったのかどうかについて検討されています。

②視点その２：目標に向かって本人の姿はどうだったのか

　事例の＜援助計画＞では、最初の２週間～１か月の短期目標として「①余暇時間の機会に、Aさんなりの言語や表情、行動により、意思疎通ができるようになる」と設定されています。そして＜評価・考察・次回の対応＞には、この目標に従い、この場面での対象者の姿に視点を置いた記述がなされています。それは「クローズドクエスチョンに対し、Aさんが判断して返答されていることが伺えた。食事のことを気にし、ディルームにいつものように戻らなければいけない、という遠慮がAさんに見られた。このことをAさんが言葉で表出できていた」という部分です（57頁参照）。

第5章 評価

○目標の項目に沿って評価する

実施（内容・実施後の様子）
「耳障りですか」と尋ねると「いいえ」
「お一人のほうが気楽ですか」と尋ねると「はい」と答える。
Aさんは「私行かなければ」と言う。
支援者は（食事を気にして遠慮しているのでは）と考え、「食事ならまだ大丈夫ですよ」と伝えた。
Aさんは安心した表情になった。

評価・考察・次回の対応
クローズドクエスチョンに対し、<u>Aさんが判断して返答されている</u>ことが伺えた。
食事のことを気にし、ディルームにいつものように戻らなければいけない、という遠慮がAさんに見られた。<u>このことをAさんが言葉で表出できていた。</u>

　また、この事例では、「今後支援者は本人にどういうかかわり方、働きかけ方をすべきか」「立案した目標や援助計画はこれでよいか」「変更すべき点はないか」についても検討しています。

○**目標や援助計画のふり返り**：一つ目の記述は、今回の支援者による働きかけでは、音楽鑑賞の時間を50分間とってしまったために本人に疲労が見られたことによる、次回にむけた対応を示しています。

○目標や実施計画の振り返り

実施（内容・実施後の様子）
11時過ぎに支援者が声を掛け、ディルームから車椅子で自室へ移動する。
（中略）
以降、確認のため10分置きに声をかけた。
40分経過　「しんどいですか、戻られますか」と尋ねると「いいえ」
50分経過　「しんどいです」
その後の昼食は進まなかった。「困る」「しんどい」と繰り返し、ため息が続いた。
「音楽を聴きに行きませんか。」と尋ねると、「はい」と軽快に顔を上げて答える。
ディルームのソファへ、車椅子で移動する。
座位は浅く、腰が沈んでいたが、そのまま音楽鑑賞を実施。
10分置きに体調確認。
40分間静かに閉眼したり、支援者に話しかけたりする。

評価・考察・次回の対応
次回は音楽鑑賞を40分間で実施し、他の活動に影響がなく、体力的に可能かを確認する。
鑑賞中は表情穏やかで自ら支援者に話しかけるなど、今までなかった自主性が見られた。心地よい余暇時間を過ごせたのではないかと考える。<u>今後も継続していく。</u>

③視点その3：支援者のかかわり方、働きかけ方は、目標に即した計画において妥当だったかどうか

　事例Aの＜評価・考察・次の対応＞の記述に「一人で過ごすことが好きなAさんが気兼ねなく音楽を聴けるように、支援者が後方で見守ったことは良かったと考える」とあります。これは、もともと、Aさんは一人で過ごすことが好きであるという事前の情報に基づき、「支援者が後方で見守った」ことによって、対象者本人が穏やかに過ごせたと評価しています。

　また、二つ目には、疲労はあったものの音楽鑑賞をとおして本人に自主性が見られたため、この支援を「今後も継続していく」と、この取り組みを評価しています。

○支援者のかかわり方に対する評価

実施（内容・実施後の様子）
歌詞カードは手渡すが受け取られなかったので、膝に置いた。
支援者は後方で見守ることにした。
Aさんは時々歌詞カードを眺め、右頬杖をついたり、姿勢を正したりしていた。

評価・考察・次回の対応
一人で過ごすことが好きなAさんが気兼ねなく音楽を聴けるように、支援者が後方で見守ったことは良かったと考える。

（3）評価をさらに深めるために～援助計画実施後の着目点

次に示すのは、評価をさらに深いものにするための視点です。部分的に例示しながら、評価をさらに深いものにするとはどういうことか、以下に解説していきます。

7月8日の実施（内容・実施後の様子）

実施（内容・実施後の様子）
「耳障りですか」と尋ねると「いいえ」 「お一人の方が気楽ですか」と尋ねると「はい」と答える。

7月8日の評価・考察・次回の対応

評価・考察・次回の対応
クローズドクエスチョンに対し、Ａさんが判断して返答されていることが伺えた。

認知症高齢者日常生活自立度
Ⅲa：日中をとおして「日常生活に支障を来すような症状・行動や意思疎通の困難さが見られる」という状態です。

感音性難聴：声や音を正しく聴き分けることが難しくなる症状があります。特に高い音域の音を聴き分けることが難しくなります。

上の表は、先ほども例に挙げたものです。

実施内容では、「『耳障りですか』と尋ねると『いいえ』、『お一人のほうが気楽ですか』と尋ねると『はい』と答える」とあり、このことからＡさんの言動を「クローズドクエスチョンに対し、Ａさんが判断して返答されていることが伺えた」と評価しています。一見するとこの評価内容は妥当性があるように思えます。しかし、フェイスシートを見てもわかるように、Ａさんは脳血管型認知症と診断されており、認知症高齢者日常生活自立度はⅢaと判断されています。Ａさんは、脳血管型認知症によって、見当識障害や判断力の低下が見られています。

さらに、高音障害型の感音性難聴があります。支援者は「耳障りですか」「お一人の方が気楽ですか」とＡさんに尋ねています。どのような尋ね方をしたのか（早口かゆっくりか、高い声か低い声かなど）はわかりません。しかし、Ａさんの疾患を考慮すると、支援者の言葉が理解できないままに「はい」「いいえ」と返答したという可能性も否定できません。

そもそもＡさんは認知症による記憶障害や失語症が見られるために、言葉でうまく意思を伝えられないという課題が明らかにされています。「自分でできることは自分で決定し、自分のペースでできるようにしたい」というＡさんの意欲・希望があることをアセスメントによって発見しました。そのことから長期目標の（2）には「支援者との関係性の中で、自分のペースで生活上の自己選択・決定を行うことができる」を挙げ、短期目標①に「……Ａさんなりの言語や表情、行動により、意思疎通ができるようになる」ことを挙げています。そして援助計画には「YES、NOで返答できる質問にする」「Ａさんが理解でき、伝えられる言葉を使う」とし、その計画にしたがって実際に支援がなされました。「耳障りですか」というYES、NOで返答でき、短い、

Ａさんにとってわかりやすい言葉で尋ねました。ここまでは計画どおりですが、この対応が目標（とりわけ短期目標）に向かっているかどうかは、さらに検証が必要だと思います。確かにＡさんは「はい」「いいえ」と返答はしたのですが、その返答がほんとうにＡさんの気持ちをあらわしているのかどうか、あるいは、支援者が尋ねたことがＡさんに伝わったのかどうか（正しく聴こえたのかどうかも含めて、評価しなければなりません（次の表に例を示しますので参考にしてください）。

○フェイスシートの情報も加味して評価する：発言のみの情報ではなく、Ａさんにとって音楽が流れていることが「耳障りではない」ことや「一人のほうが気楽である」ことを証明できるような情報をもとに、Ａさんの返答が何を意味していたのかについて、さらに評価していくことが望まれます。

○フェイスシートの情報も加味して評価する

実施（内容・実施後の様子）
「耳障りですか」と尋ねると「いいえ」 「お一人の方が気楽ですか」と尋ねると「はい」と答える。 都はるみの曲をCDラジカセで流すと「知りません」と答えられえる。 曲の説明をするが反応はない。 「耳障りですか」と尋ねると「いいえ」 「お一人の方が気楽ですか」と尋ねると「はい」と答える。 歌詞カードは手渡すが受け取られなかったので、膝に置いた。 支援者は後方で見守ることにした。 Ａさんは時々歌詞カードを眺め、右頬杖をついたり、姿勢を正したりしていた。

評価・考察・次回の対応
クローズドクエスチョンに対し、Ａさんが判断して返答されていることが伺えた。 （さらに評価を深めるとすると、例えば） 「耳障りですか」との支援者の質問に対しＡさんは「はい」と返答されたが、その後の右頬杖をついたり、姿勢を正したＡさんの姿から、「耳障り」であるとまでは言えないにしても、Ａさんにとって心地よく感じていたとは言えないのではないか。では、なぜＡさんはこの場面で「はい」と返答されたのかの理由については、高音障害型の感音性難聴であることや、脳血管性認知症であること、曲の説明をしても反応が無かったことから、支援者の発言がうまく聞き取れていなかったのではないかと考えらえる。

次に、評価における曖昧な表現について述べたいと思います。事例Ａには、評価の部分で曖昧な表現が見られます。曖昧な表現は読み手にとって受け取り方が違ってくることもあり、再計画が適確なものにならない可能性があります。また、曖昧な表現になってしまっているということは、支援者がそのことの本質に迫れていない可能性もあります。曖昧にしか表現できない段階もあると思いますが、評価は、何を言いたいのかできるだけ具体的に示すことを心掛けましょう。

次の表を見ると、「意欲の向上」「主体的な意思表出」「気分が悪い」「気分が良い」などの言葉が出てきています。

○曖昧な表現をできるだけ避ける：「活動意欲の向上」が見られる姿とは、具体的にＡさんのどういった姿なのでしょうか。ここで支援者が目にしたＡさんの姿が、Ａさんの内面のどのような動きや状態を現していたのか、本質に迫れるよう突き詰めて考えなければなりません。

○曖昧な表現をできるだけ避ける：Ａさんの「気分の良い」「気分の悪い」状態がどのような状態なのか、事前に情報としてつかめているならフェイスシートに、評価の時点でそのような状態があることが分かった場合は、この評価の時点で明示しておかなければなりません。

7月15日の実施（内容・実施後の様子）

実施（内容・実施後の様子）
○午前中　表情良い、1時間臥床。前日排便あり。 14時　オムツ交換、排尿と少量の便失禁。 14時半〜「ホットケーキづくりにいきましょう」とお誘いすると、「はい」と軽快に言った。「できるかな」と。 1階ディルームに車椅子で移動し、ホットケーキ作りを行う。 Aさんは、材料を混ぜる作業、デコレーション作業を主に行った。 体幹傾斜も途中から強かったが、終始笑顔で他者との関わりを積極的にとり、「しんどい」ということなく16時まで過ごした。

7月15日の評価・考察・次回の対応

評価・考察・次回の対応
①Aさんの意思を、言語・非言語で判断し、Aさん自身にも直接確認していった。その結果、余暇を楽しむことにつながった。 　〜したいという発言はないが、自ら他者との会話を楽しむことや活動を積極的に行うことで、活動意欲の向上、主体的な意思表出が見られていると考える。 ②Aさんの発言内容を判断していくと、 「わからない」「出来るかな」「どうかしら」は、気分が良い時に聞かれる言葉であった。 一方、「こわい」「困る」「無理」は、気分が悪い時に聞かれる言葉であった。 このような傾向が見えてきたため、今後Aさんのアセスメントに参考となると考える。

　例えば、Aさんは支援者に「ホットケーキづくりにいきましょう」と誘われ、「はい」と軽快に返事をしました。続いて、「できるかな」という発言も記録されています。そして、体幹傾斜もありながら終始笑顔で他者との関わりを積極的にとっていたようです。このことから、活動意欲の向上が見られていたのは確かではあると思うのですが、もう少しAさんのこの時の評価を分解すると、ホットケーキづくりに誘われ「はい」と軽快に返事したことから、ホットケーキづくりをしてみたい気持ちはあったが、その後の「できるかな」という発言から少し自信のなさも見えてきます。しかし実際にやってみると、材料をまぜることやデコレーションの作業を行うことができ、安堵の気持ちもあったのではないかと推測できます。また、終始笑顔で他者との関わりをもっていたことからホットケーキづくりが意欲の中心ではなく、他者と関わることが意欲の中心（または、その両方）だったことも考えられるのではないでしょうか。

　また、「気分の良い時」「気分の悪い時」というAさんの姿を表現した記述があります。気分が良い、悪いというのはそれぞれどのような状態なのか、またそのことが何を意味するのか、そのことが明確になっていないと、気分が良い時に何を目指せばよいのか、悪い時には何に注意をしなければならないのかの判断もよくわからないといったことになります。

○曖昧な表現をできるだけ避ける

実施（内容・実施後の様子）
○午前中　表情良い、1時間臥床。前日排便あり。 14時　オムツ交換、排尿と少量の便失禁。 14時半〜「ホットケーキづくりにいきましょう」とお誘いすると、「はい」と軽快に言った。「できるかな」と。 1階ディルームに車椅子で移動し、ホットケーキ作りを行う。 Aさんは、材料を混ぜる作業、デコレーション作業を主に行った。 体幹傾斜も途中から強かったが、<u>終始笑顔で他者との関わりを積極的にとり</u>、「しんどい」ということなく16時まで過ごした。

評価・考察・次回の対応
①Aさんの意思を、言語・非言語で判断し、Aさん自身にも直接確認していった。その結果、余暇を楽しむことにつながった。 　〜したいという発言はないが、自ら他者との会話を楽しむことや活動を積極的に行うことで、<u>活動意欲の向上</u>、<u>主体的な意思表出</u>が見られていると考える。 （曖昧な表現をより具体的に捉え記述すると、例えば） ホットケーキ作りにお誘いしたときに軽快に「はい」といわれたことや「できるかな」と発言されたこと、そして実際に材料を混ぜる作業やデコレーションの作業を行えたことから、<u>Aさんにホットケーキづくりに対する不安から安堵への気持ちの変化があったのではないか</u>。また、もともとAさんには「できることがあるのにわかってもらえない」という思いもある。しかし、今回のホットケーキづくりに参加できたことによって、<u>自分もいろいろなことができることが他者にわかってもらえたことが嬉しいと感じたのかもしれない</u>。 また、終始他者との関わりをとっておられたことから、先の安堵の気持ちや自分もできることがあることがわかってもらえたという嬉しさから、<u>他者と関わることの楽しさも感じられたのではないだろうか</u>。

（4）評価軸の明示

　これまでみてきたように、評価は計画実施後の記録などをもとにして行います。また評価は目標や援助計画に沿って行う必要があります。目標とは何か、援助計画とは何かをあらためて問うと、目標とは、いわば自己実現の一つの到達点で、援助計画はその目標に掲げた到達点に達するための方策であるといえます。とりわけ援助計画は「〜をすれば〜になる」と、自己実現にむけてなりたい自分の姿を目指すことや、環境を整備することを目指すためのものです。よって、支援者が対象者に直接働きかけ（支援）を行う、あるいは対象者が置かれている環境に何らかの働きかけ（支援）を行うことによって、利用者またはその環境がどう変化するのか、予めそのことが予測されていなければなりません。つまり援助計画の段階で、対象者やその環境にどのような姿や変化が見られたら「目標に到達した」といえるのか、"評価軸"としてその具体的な姿を援助計画に明示しておくことが必要です。

3）誰のための評価か

　個別支援計画は、基本的に本人のためのものであり、「本人の望む将来」に向かうものです。決して、支援者が自分の仕事をスムーズにこなすための計画ではありません。

　個別支援計画は、本人が未来を見据えるためのものであり、さらに本人が望む将来を見据えたとき、そこに向かおうとしたとき、支援者はどのように支援を行うのか示されたものです。あくまでも支援者は、未来に向かおうとする本人に対して側面から支援することが役割です。よって、評価の視点は本人が望むものになっているかどうかが最も重要な視点です。

　また、家族（親）の思いだけを重視する評価になってはいけません。本人が「どうしたいか」について事前にしっかりと家族とも共有すること。そのことを常に意識しながら実施後のふり返りを家族とともにすすめていく必要があります。

第6章
ICFを活用した取り組みの実際

　ICFを活用したアセスメントによって対象者の全体像をとらえ、主観的体験をふまえ導き出した生活課題（ニーズ）にアプローチすることは、意思決定支援とも共通するところが多くあります。今、現場で求められているのは、本人の意思を尊重する本人中心型支援への転換であり、支援者の障害をとらえる視点の変化が重要となってきます。
　ここでは、まずICFを活用した高齢期の支援のポイントについて触れ、続いて、かつて《ワークブック》で紹介した事例B、事例CにおけるICF活用の取り組みの実際を経過とともに紹介します。

1）ＩＣＦを活用した高齢期の支援

①高齢期の支援は共通の課題

　今回紹介する事例の１つに高齢者事例を取り上げたのは、①高齢期は全ての人に共通し、何らかの障害をかかえるリスクが高まる時期であること、②医療技術の発展による死亡率低下を背景に、障害当事者の高齢化をどのように支えていくかということは社会全体の課題であること、という２つの理由からです。

　高齢者支援（介護）の現場では、事例のＡさんのように失語症によって自分の意思が他者に伝わりづらいという障害の特徴をとらえた個別性のある支援が欠かせません。そのためＩＣＦの統合モデルで障害をとらえることが重要です。障害者支援の現場でも、高齢期の課題に直面し、従来と同様の支援では生活の維持が困難なケースが増加しています。その中で、改めて高齢期に起こりうる変化を含めた障害者像の捉え直しが必要となっています。制度や事業が異なっていても高齢期の支援の共通の課題です。

②「障害」の理解から考える〈高齢期の意思決定支援〉

　第３章で取り上げたＡさんのように、何らかの障害によって自分の言葉で丁寧には意思表出できなくても、表情や姿勢など非言語コミュニケーションを用いて意思表出をしていることがあります。これまでの生活経験が、持てる力を発揮するきっかけにもなります。加齢を原因とした喪失感から、自己肯定感や生活意欲の低下が起りやすいという特徴もあります。対象者が発する細やかなサインを見逃さず、人生で最も大切にしていることを、支援者とともに発見し、共有できる時間を過ごすことができれば、対象者の生活における役割や笑顔が増え、生活の充実につながっていきます。

　越野和之は障害について「『能力』との関連でいえば、『障害』とは、機能障害のある人が自身の機能障害と社会的障壁との関連で、自分の「能力」を十分に発揮できていない状況と考えられる」と述べています。今回の高齢者事例では、アセスメントによってＡさんの意思決定「能力」があることの確認を行い、支援計画の中で、その「能力」が十分発揮できる機会をつくることを意識しました。Ａさんの事例は意思決定支援におけるモデル事例としても読み解くことができます。

2）ＩＣＦを活用した取り組み──Ｂさんの事例

1、基本情報
1）性別：男性　年齢：57歳　身長：145cm　体重：46kg
2）基礎疾患：脳性マヒ（四肢麻痺、左足は不全麻痺）、知的障害、便秘症、不眠症
3）既往歴・合併症：左股関節脱臼、大腸良性ポリープ、睾丸腫瘍、高脂血症、帯状疱疹、不整脈、不眠症
［便秘症］緩下剤内服中、Ｂさん本人が服薬管理しており毎朝２時間程度排便に時間を要している。
［睾丸腫瘍］摘出後以降転移なし。
［高脂血症］数値改善し、服薬中止となっている。
［不眠症］睡眠導入剤を処方されており、以前は内服していたが、現在はよく眠れている。

2、これまでの経過

　幼少期に脳性麻痺と診断を受ける。自律心の強い母親の教えから地元の小中学校（養護学級）に通い、高校は養護学校に通学。24歳で社会に出てからも軽作業労働ができる作業所に通所していた。41歳で身体障害者療護施設に入所するまでは、在宅で母親の支援を受けて自律した生活をしていた。入所後は自助具を使用して牛乳パックを折るなど単純作業にも取り組む。当初は意欲的であったが、45歳時に「ぼくは仕事をやりたくないです」とパソコンに文書入力するなど、「要望が多く周囲を混乱させる人」と支援者に捉えられていた。また、Ｂさんの発する言葉が聞き取りにくいことから「本人と時間をかけて話をして内容やその思いを聞く」ということに支援の重点が置かれていた。それがＩＣＦを活用してアセスメントを実施していく中で、「自分の考えを明確に伝えるとともに、継続的に伝える人」、「自分の要望実現に対して、実現の可能性に向けて取り組む人」というＢさんの強みに着眼した捉え方に変化してきた。一人ではできない生活の多様な要望を叶えてほしいというＢさんの意思を支援者が共有することができるようになった。「個別支援計画」の作成では、「生まれ育った地域で暮らすため、生活をする場所として複数箇所上がっている選択肢の中から選ぶことができる。」という人生における意思決定支援となる目標を掲げ、取り組んだ。その結果、生活し

※詳細は『本人主体の「個別支援計画」ワークブック』48頁、Ｂ事例参照

たい場所を徐々に特定し、ハイツで実習のための宿泊体験をするところまで実現した。

3、現在の状況
※ＩＣＦの項目に沿って、ポイントのみを記載。
1）健康状態
・脳性麻痺
・便秘症
・知的障害
・加齢

2）身体構造
（1）尿路系に関連した構造
・睾丸腫瘍があったため右睾丸を摘出している。

3）心身機能
（1）精神機能
・自分が決めた目標があると、その目標に沿った「目標指向性思考」ができる。
・自分が理解納得している場面では、穏やかに人と関わることができる。「情動機能」がある。
・従兄、医師、現場職員、退職した職員との関係性を理解して関わることができる。「心理社会的機能」がある。
・簡単なパソコン操作ができる。「知的機能」がある。
・身振り、表情、発語、態度で自分の思いを伝えることができる。「言語表出機能」がある。
・職員の日常生活上の言葉（体験と結びついた言葉）を理解できる。「言語受容機能」がある。
・自分の好きなものを判断して選択できる。「高次認知機能」がある。
・自分を受け入れてくれる人とは穏やかに接する。「情動の制御機能」がある。

（2）音声の機能
・顔の表情筋、口腔周囲筋の不随意運動により、スムーズな言語の発声がしづらい。

（3）神経筋骨格と運動に関する機能
・四肢の麻痺、不随意運動により歩行困難。上肢は簡単なパソコン操

作ができる程度の筋力がある。
　・座位保持可能。加齢に伴い排便時の腹圧低下など体幹の筋力低下がみられる。

4、活動と参加
　（1）一般的な課題と要求
　　・一日の生活リズムを自分で決めて実行できる。
　　・自分の仕事に対して責任をもって遂行できる。
　（2）コミュニケーション
　　・日常会話は滑舌が悪く、最近職員にとっては聞き取りづらいことがあるが、本人は気づいていない。理解はスムーズ。
　（3）運動・移動
　　・車いす（ティルト型座位保持装置）を使用し、移動。自走はできない。介護タクシーや電車を利用して外出できる。
　（4）セルフケア
　　・衣服の着脱や顔を洗ったりひげを剃ったりなどの整容は介助を要する。衣服の選択は自分でできる。
　　・調理はできない。施設で出される食事を食べている。量の調節は、自分でしている。
　　・四肢マヒのため食事の動作はできないので介助している。咀嚼や飲み込みはできるが、むせることもある。
　　・排尿は、尿意を感じたら自分で伝え、車いすに座った状態で尿瓶を使用して行う。自室でパソコンを使用しているときは、尿瓶をつけたままでしている。排便は、ベッド上で半側臥位にてオムツ着用でしている。2〜3時間かけても出ない時があり、その際は浣腸して欲しいと本人が言う。
　　・入浴用の車イスに座り替えて浴室内の移動や洗体の実施、入浴を行う。湯船に浸かる際は、リフトを使用して入浴用の車イスに座ったまま入浴している。
　　・およそ23時〜7時の間、入眠している。2時間ごとに見回りのため訪室している。本人の訴えにより体位変換を行っている。

5、参加
　（1）意欲・生きがい

- ・今後一人暮らしを実現すること。
(2) 一日の過ごし方
- ・午前中、2時間かけて排便する。
(3) 余暇の過ごし方
- ・自室でラジオを聞いたり、パソコンで手紙を書いている。
(4) 役割
- ・施設の行事などで、役割を依頼されると快く引き受ける。
(5) 対人関係
- ・初対面の人でもすぐに打ち解けられる。
- ・職員にも対等に意見し、同性介助を異性介助も可に変えたことがある。
- ・彼の言語を理解してくれる職員がいる。
- ・健康管理をしてくれる看護師がいる。
- ・退職した職員に手紙を出したり、やり取りをしている。
- ・従兄が、身の回りのことをしてくれる。
- ・宿泊実習で言いたいことを聞き取ってくれるヘルパーが担当してくれたことに満足している。

6、個人因子
- ・母から「郷に入りては郷に従え」と教わった。自分のことは自分でしたいという自律心がある。
- ・職員と対等に話ができる。自分の考えをしっかりと持っている。好奇心旺盛で、興味を持ったことはやり遂げる。若い時と同じ感覚。
- ・A市出身。小学校は普通学級に通っていた？　作業所で仕事をしていた時期もある。
- ・16年前に現在の入所施設に入居した。一人暮らしの実習のためハイツで宿泊体験をしたことがある。人生経験が少ない。
- ・母から「他の障害者と自分は違う。何でもできる」と教わった。昔の生活を大事に思っており、生まれ育ったK市に戻りたいと思っている。

7、環境因子
- ・車いす（ティルト型座位保持装置）、胸ベルト　骨盤ベルト、股関節外転ベルト）、ボイスコール機能付きナースコール、重度障害者

意思伝達装置。
・国民健康保険、障害年金1級。
・生活介護、施設入所支援、地域生活移行（K市独自事業）。
・職員の男女比が、女性のほうが多い。

8、ＩＣＦを活用した個別支援計画に取り組んで
①支援を継続する確信となる
　ＩＣＦを活用して情報収集・分析を行い、個別支援計画を作成し、支援を行う過程で、重度障害者意思伝達装置（パソコンと伝の心）を再度導入する際に、支援者間で意見の相違がありました。
　ＩＣＦを活用し、身体構造や心身機能を見直し、活動や参加への影響を考えた支援を検討した結果、他者とコミュニケーションをとる際、内容は概ね理解できるが、自ら発声する言葉が他者には聞き取りにくいＢさんには、話し言葉以外で自らの意思を正確に伝える手段とその経験が必要であり、重度障害者意思伝達装置の使用が必要であると支援方針を導き出しました。
　しかしながら、「装置は何のために使うのか？」「不十分であっても自らの言葉で意思を伝えられるＢさんにとって果たして装置が必要なのか？」などの意見があり、何度かの検討を繰り返し、Ｂさん自身の意思とコミュニケーション手段の必要性について職員間で理解を共有し、導入しました。
　以上の過程を振り返ると、課題はＢさん自身ではなく、「重度障害者意思伝達装置を活用した支援が行えるかどうか」という支援者側の事情があったのではないかと思います。具体的には、以前本人が使用していた重度障害者意思伝達装置は、使用するためには特別なセッティングが必要であったことや、特定の場所でしか使用していなかったため、日常の生活場面での使用頻度は、多くありませんでした。そこで、今回の導入については、自室で使用できることや簡単な手順で使用できるようにしました。それまでは、使用頻度が増えると支援者の負担が増すのではないかと考えていましたが、そうではありませんでした。
　現在、重度障害者意思伝達装置を使用して、Ｂさんは他事業所に異動となった職員や退職した職員などに向けて手紙を書いて送っています。Ｂさん自身にとっては、自分のことを他者に伝える手段として主体的に活用しているといえるのではないでしょうか。支援者には、重度障害者意思伝達装置をどのように活用して支援をするかという課題はまだ残されていますが、ＩＣＦを活用して導き出された支援計画がＢさんの主体的な生活を実現したこと

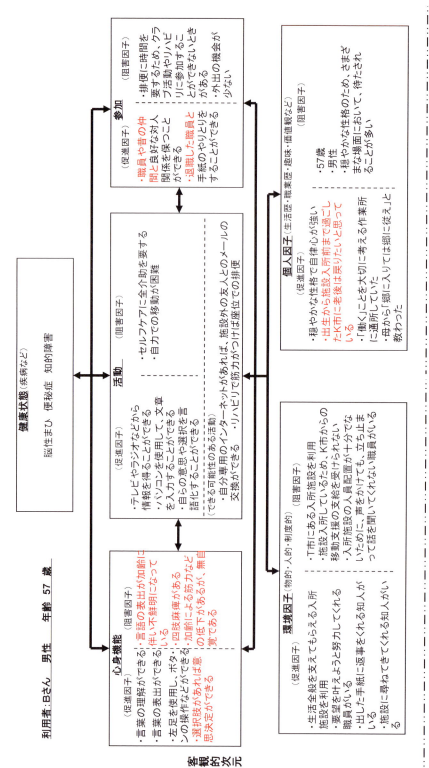

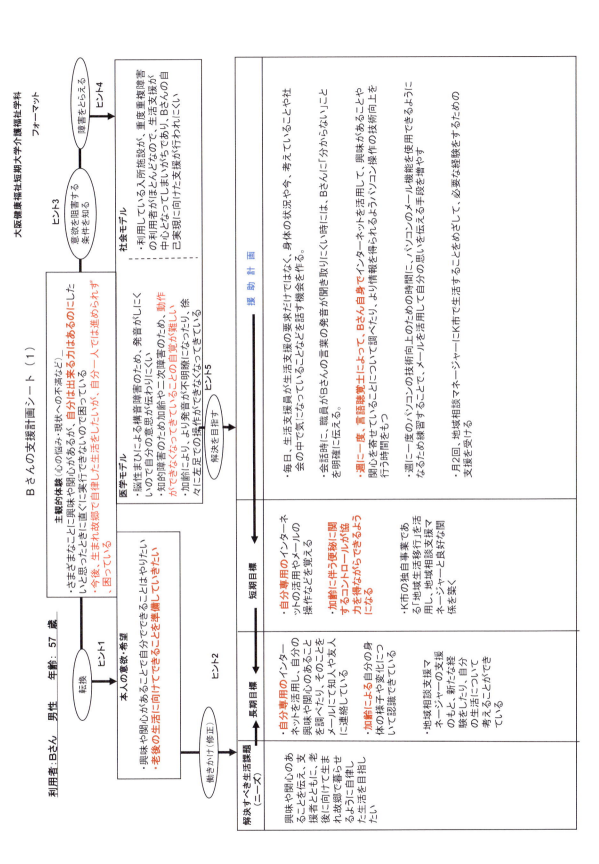

は、今後も支援を継続する確信となるとともに、職員集団の支援の在り方を変える力となるでしょう。

②知ることに限りはない

　Bさんは、「生まれ育ったK市でひとり暮らしがしたい」と思っています。その思いを現実のものにするため、この間、グループホームでの実習やその間、ヘルパーを利用して介護を受けられるよう支援しました。

　では、なぜBさんは「K市でひとり暮らしがしたい」と思っているのでしょうか。BさんにICFを活用した個別支援計画を作成した後に確認したことがあります。その際、「仕事がしたい」「コミュニケーションをもっとうまくとれるようになりたい」「トイレを早く伝えられるようになりたい」と話してくれました。どの希望もBさんが今生活している入所施設内での生活の困りごとですが、「一人暮らしをすることで、それらのことができるようになる」とBさん自身が感じているのだろうと推測されます。

　その中でも特に「仕事がしたい」と話したことに注目して経過を振り返ると、現在の施設に入所する際に「作業ができる入所施設を利用したい」という希望をもって入所してきました。しかし、入所して数年後には、「仕事がしたくない」とパソコンで文章に残しています。そして、「K市でひとり暮らしがしたい」理由として「仕事がしたいから」と答えたのは、K市で作業所に通い仕事をしていたことに誇りを感じ、またその仕事の内容や環境に満足していたのではないかと推測されます。逆に考えると今、生活している入所施設の作業内容は、Bさんが満足できるものではなかったといえるでしょう。

　その思いの実現には、57歳のBさんにとって、加齢による腹部筋力低下に伴う排便困難や口腔周囲筋の低下による言語表出力の低下、意思伝達力低下に伴う生活意欲の低下など、加齢に伴う身体的・精神的変化が生活に及ぼす影響を考慮する必要があります。ただ、それを現段階ではBさんが自覚されていないこともあり、グループホームの実習などを通じて加齢による変化の自覚を促し、それに合わせた生活をご本人と支援者側が共に見つけていくという支援の流れになっています。

　ICFを活用した個別支援計画では、身体構造や心身機能、活動や参加、環境や個人因子など多数の視点でアセスメントを行います。ICFを活用せずとも生活環境や家庭環境なども考慮に入れて支援計画を作成しているとの声も聞かれると思いますが、ICFという分類を活用することによって、洩

れることなく、相互の関連を意識しながら確認することができます。また、当事者の状況が変わった場合にも関連付けて各分類への影響を考慮することができます。

3）ＩＣＦを活用した取り組み──Ｃさんの事例

1、基本情報
　1）性別：男性　年齢：45歳　身長：181cm　体重：80kg
　2）基礎疾患：脳性マヒ（右下肢麻痺軽度）、知的障害（自閉性障害）、てんかん発作
　3）既往歴・合併症：両足関節背屈制限および反射亢進、右下肢下垂、右膝関節症、便秘、ジストニア、Ⅱ型糖尿病、高血圧症、高脂血症、聴覚過敏
　　［膝関節症］定期的な通院治療と膝サポーターの着用。
　　［糖尿病］グループホーム入所までは、血糖値200前後、尿糖（3＋）という状態であったが、入所後は食生活の改善やプールでの歩行・散歩などにより改善し、血糖値80〜90台、尿糖（－）となり、落ち着いている。
　　［高血圧症・高脂血症］グループホーム入所後、数値改善し、服薬中止となっている。

2、これまでの経過
　30歳くらいまでは、屋外歩行、室内歩行とも独歩が可能であった。しかし、27歳くらいから、足の引きずりがひどくなり、つまずきからの転倒も続いていた。改造靴を履いて歩行に介助が必要となった。36歳より、膝関節症のため通院治療と膝サポーターの着用が必要となった。そこでＩＣＦを活用してのアセスメントを実施する中で、対象者への捉え方が「問題行動や課題を抱えたＣさん」という捉え方から、「こだわりや問題行動を少しずつ克服してきているＣさん」という捉え方に変化した。Ｃさんの持っている力に確信を持って、「自立歩行での活動を保障し継続する支援が重点課題」と位置づけ、健康面・生活支援面・日常生活面（リハビリ）からの総合的な「個別支援計画」を作成し、目標達成に取り組んだ。その結果、当初支援者が難しいと考えていた短下肢装具を装着しての歩行が可能となり、作業所内での作業だけでなく、戸外の作業にも参加できるようになり、小柄な女性でも歩行介助が

※詳細は『本人主体の「個別支援計画」ワークブック』57頁、Ｃ事例参照

可能なくらいに歩行が安定し、できなかった階段昇降もできるようになった。

42歳頃から、右腓腹筋の萎縮があり右下肢の尖足が強度となったため、歩行が困難になり、つまずきも増えてきた。歩行を改善するためには、腓腹筋延長手術が必要と診断された。

3、現在の状況
※ＩＣＦの項目に沿って、ポイントのみを記載。
1）健康状態
・糖尿病、高血圧症、高脂血症は、数値が安定し、特に治療はしていない。
・右下肢腓腹筋の腱萎縮、右下肢筋肉の萎縮、右下肢尖足などによる筋力低下や筋緊張が見られる。
・聴覚過敏があり、大きな音や声は苦手である。
・睡眠障害があり、眠剤を服用しているがコントロールが不十分で、早朝に覚醒して大声を出すことがある。
・便秘は、緩下剤によりコントロールしている。

2）身体構造
（1）下肢の構造
・右下肢の腓腹筋萎縮による尖足。

3）心身機能
（1）精神機能
・具体的な目標があると、その目標に沿った「目標指向性思考」ができる。
・自分が理解納得している場面では、穏やかに人と関わったり、作業やレクに参加したりできる「情動機能」がある。
・妹、医師、職員との関係性を理解して関わることができる「心理社会的機能」がある。
・グループホームや作業所でルールに則った活動ができる「知的機能」がある。
・身振り、表情、発声、態度で自分の思いを伝えることができる「言語表出機能」がある。
・職員の日常生活上の言葉（体験と結びついた言葉）を理解できる「言語受容機能」がある。

・自分の好きなものを判断して選択できる「高次認知機能」がある。
・自分を受け入れてくれる人とは穏やかに接する「情動の制御機能」がある。
・自分の思いが通らないと、自傷・他傷行為があり、「活動と欲動の機能－衝動の制御」のコントロールができない。
（2）感覚と痛みの機能
・聴覚過敏があり、人の多い賑やかな場所や甲高い声の人は苦手。
（3）神経筋骨格と運動に関する機能
・右半身の不完全マヒがある。
・右下肢筋力の低下による歩行困難がある。

4、活動と参加
（1）一般的な課題と要求
・決まった日課を見通しをもって遂行できる。
・自分の仕事に対しては、責任をもって遂行できる。
・ストレス、危機への対応は支援が必要である。
（2）コミュニケーション
・コーヒーが飲みたい時だけは「コーヒー」という単語で、思いを表出できる。
・態度や発声、表情で自分の思いを表出する。
・職員が話す言葉は理解できる。
（3）運動・移動
・尖足のため、つまずきやすくなっている。階段昇降はしていない。
・屋外では、車椅子を使用しての移動となっている。
・特に連休明けは、廃用症候群のために歩行が不安定になる。
・作業所やグループホームでは見通しを持って日課の活動ができる。
（4）セルフケア
・便秘薬の管理を職員の支援を受けながらできる。
・更衣や食事摂取、入浴は、一部介助を受けながら実施できる。

5、参加
・作業所で、紙すきをしている。
・聴覚過敏のため、「カラオケ」のレクの時には、部屋の隅のソファで一人で過ごす。

　　　　・土日は、ガイドヘルパーと公園の散歩、プールでの歩行、スーパーに買い物などに行く。

6、個人因子
　　　　・自分で行きたい所に行けること、自分で動けることを大切にして努力している。
　　　　・外出が好き（休みの日にずっとグループホーム内で過ごすのはしんどい）
　　　　・水の感触が好き（紙すきの水のゆらぎ・プールでの歩行・お風呂の湯など）

7、環境因子
　　　　・本人のことを大切に思ってくれる妹がいる。
　　　　・日常生活や作業所での仕事を支援してくれる支援者がいる。
　　　　・グループホーム、作業所ともバリアフリーの環境にあり、必要な福祉用具が揃っている。
　　　　・健康管理をしてくれる医師、訪問看護師がいる。
　　　　・下肢の手術をしてくれる病院がある。

8、支援計画を実施して
　［支援計画1］「手術を受ける」という意思決定を支援し、その意思決定を確実なものとして継続する。
　　妹さんを中心とした医師、相談員、担当スタッフ、理学療法士（PT）などの働きかけにより、Cさんは「手術を受ける」という意思決定を行った。支援者は、作業所でもグループホームでも、Cさんと関わる場面で、「Cさんやったらいける！　手術、頑張ろうな」と声かけを実施した。Cさんはその後も意思決定を継続でき、病院の定期受診やお試し入院などの手術までのスケジュールを順調に行えた。
　［支援計画2］　手術入院の見通しを持てるような体験をする。
　　定期的にM病院（これまでM病院を受診したことはなかった）を受診し、診察後院内を廻り、病院の雰囲気に慣れていった。またお試し入院は、個室に一人でいると不安で廊下に出て騒いでしまうという結果であった。そこで本入院の時には、作業所・グループホームの職員、ガイドヘルパー、生活相談員が交代で泊まり込む体制を整えた。「お試し入院」の体験後は、実際に

付き添うスタッフが、Ｃさんが安心できるように「自分が行くからね」と、声掛けした。同時に作業所とグループホームでは、「いつ退院してきても臨機応変に対応し受け入れる」という方針を持った。
　［支援計画３］無事手術を受け、入院が継続できる。
　手術当日は、作業所の職員が付き添い泊まり込んだが、Ｃさんは不安と術後の足の痛みなどにより大声を出したり、食事もとれない状況があったりした。手術の翌日退院となった。これは、Ｃさんのことを理解している主治医が、入院当日に手術を行い、翌日退院でという計画通りであった。
　［支援計画４］手術後のリハビリを作業所で行う（ＰＴと連携）
　①ギブス装着時は、机に手をついて手術した足に負担がかからないようにスクワットを実施した。最初はＰＴが実施し、その後指導を受けたスタッフが行った。グループホームでも、寝た状態や座った状態での健足を中心にしたリハビリを行った。
　②ギブス除去後は、以前から通っていたプールでの歩行や階段昇降などのリハビリを再開できた。短下肢装具（ギブス除去後すぐ装着）をつけて、２週間ぐらいはＰＴとＰＴ実習生が付き添い、毎日プールでの歩行訓練と歩行介助した。術後４か月頃より、以前のように女性スタッフ介助による作業所内やグループホーム内での歩行や階段昇降が可能になり、掃除もできるようになった。

９、ＩＣＦを活用した多角的な利用者の捉え方

　最初にＩＣＦの事例検討会に参加したとき、Ｃさんは37歳でした。
　20代の頃の彼は、自分が行きたい場所にはどんどん歩いて、走って活動していました。大きな身体の彼は細かい作業に取り組む場面でも生き生きとした表情を見せていました。言語障害があり、自分の見通しや欲求が上手く伝わらない時は自傷他傷行為があったり、自由に外に出かけるようなアクティブな姿もありました。
　ご両親が他界されホームの生活になり、食生活の改善による糖尿病・高血圧の改善がなされて、ホームと日中活動施設の生活が安定しました。しかし、Ｃさんにとって一番の要望である「自分の足で自由に歩きたい、動きたい」ことがままならなくなった時に、ＩＣＦを活用した検討を行いました。その時はもう車椅子の生活が目の前で、身体の大きなＣさんの生活面での支援体制や、活動が自由にできなくなったＣさんの要求を支援者が受け止めるために、コミュニケーションの手段を見つけなければと考えていました。

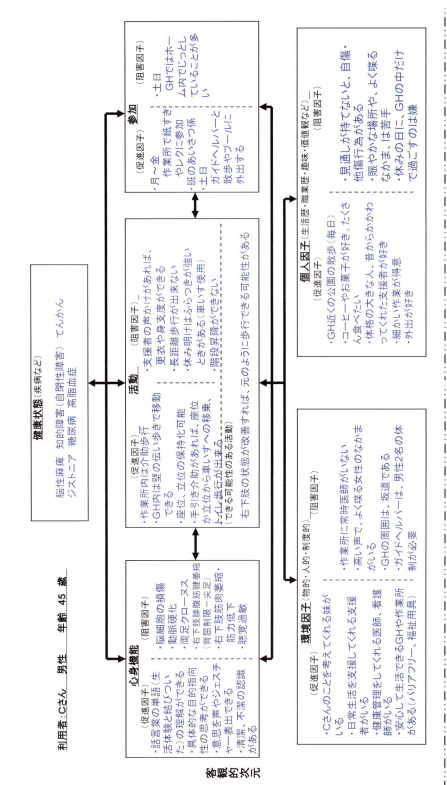

第6章 ICFを活用した取り組みの実際

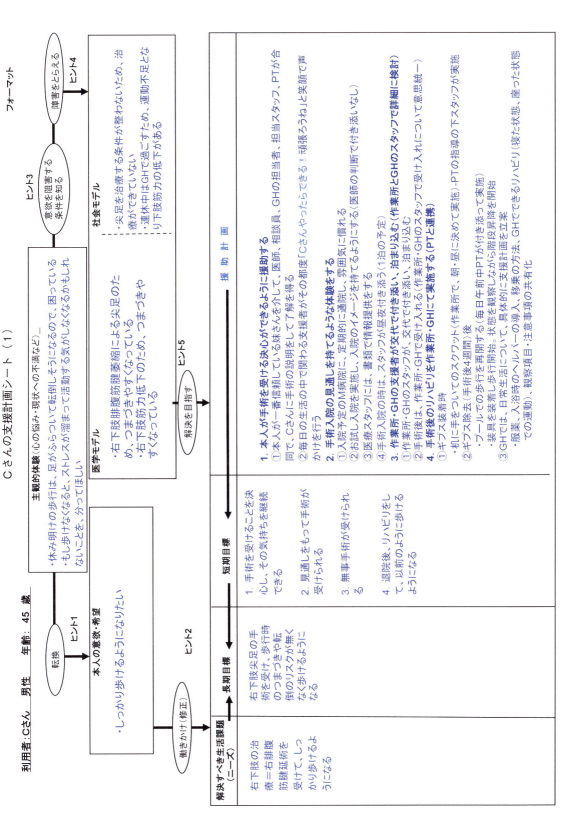

ＩＣＦと出会い、本人の健康面・機能面と共に精神発達面、環境因子や個人因子などを多角的に捉えることができました。そして、Ｃさんが通所されている施設の職員と、内科・整形外科・精神科の嘱託医、看護師・リハビリ職、Ｃさんが大半の時間を過ごす暮らしの場のホーム職員が連携することで、改造靴から膝サポート＋短下肢装具を着用しての歩行が可能になりました。また日々の活動だけでなく、ホームでの生活にもリハビリを取り入れ、介助歩行で継続できるようになり、外出支援の活動にもつながりました。

10、前向きな意思決定への支援と、意思決定の継続、実現に向けての支援
　その後、月日はＣさんの筋力をゆっくり蝕んでいき、右下肢の筋力低下や拘縮が進み、本人が望む「自分の足で歩きたい、動きたい」ことが難しくなった時に、また本人にとって人生を左右する大きな意思決定をすることになりました。本人が要望する歩行を獲得するには、嘱託医の提案は「右下肢腓腹筋腱延長手術と４週間のギブス固定とその後のリハビリ」でした。ご家族の妹さんの協力も得て手術を決心した後も、本人にとって経験したことのない出来事が待ち受けていました。
　知的障害があり、環境の変化や見通しをもつまでには時間が必要なＣさんです。少しでも安心して手術をすることを受け入れてもらえるように、本人への声掛けや、手術する病院への診察、手術前のおためし入院、それを踏まえて、手術の入院時には日頃関わっているスタッフが24時間付き添う体制を組み、入院までＣさんの意思決定を継続できる取り組みをしました。
　無事手術を受け、退院後はホームと日中施設での生活で負担なくできるように、そしてギブスが取れた後のＰＴによるプールリハビリや週末の過ごし方、入浴支援のヘルパーサポート等を取り組むために、関係者の情報確認のための会議を数回実施して、情報の共有と対策を検討しました。手術後数年を経た現在も継続して自分の足でしっかり歩行し、階段昇降も小柄な女性でも介助が可能です。
　現在46歳のＣさん、これから50歳という新たな高齢期に向われます。ホームでスタッフのお手伝いと洗濯物を干している姿を見かけ、いずれは歩行が難しくなる時を迎えると思いますが、本人が希望する生活が過ごせるように、本人を取り巻く関係者の一員として支援を続けていきたいと思います。

資 料

①脳卒中のＩＣＦ疾患関連図
②アルツハイマー型認知症のＩＣＦ疾患関連図
③加齢による難聴のＩＣＦ疾患関連図
④加齢による眼疾患のＩＣＦ疾患関連図
⑤円背のＩＣＦ疾患関連図
⑥高血圧・狭心症のＩＣＦ疾患関連図
⑦前立腺肥大症のＩＣＦ疾患関連図
⑧骨粗しょう症・サルコペニアのＩＣＦ疾患関連図
⑨糖尿病のＩＣＦ疾患関連図

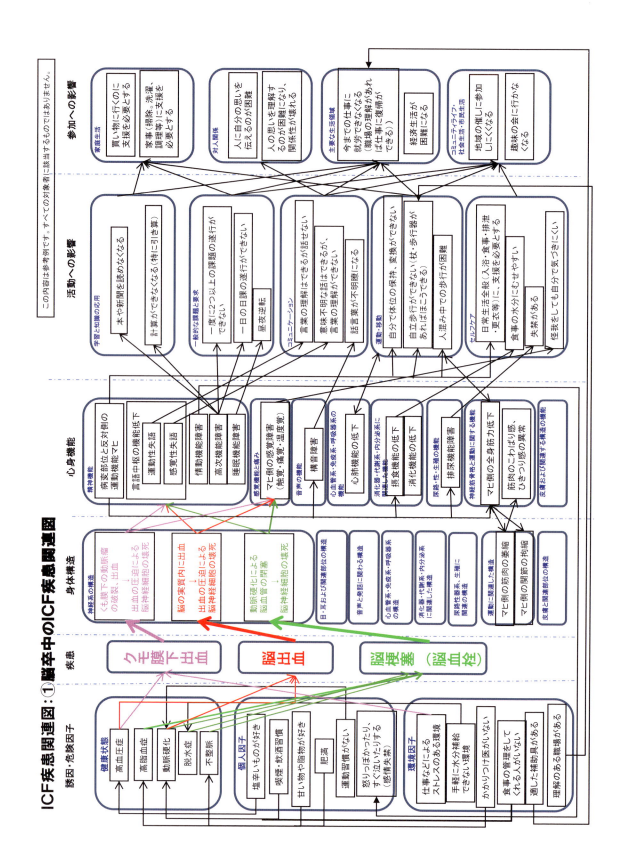

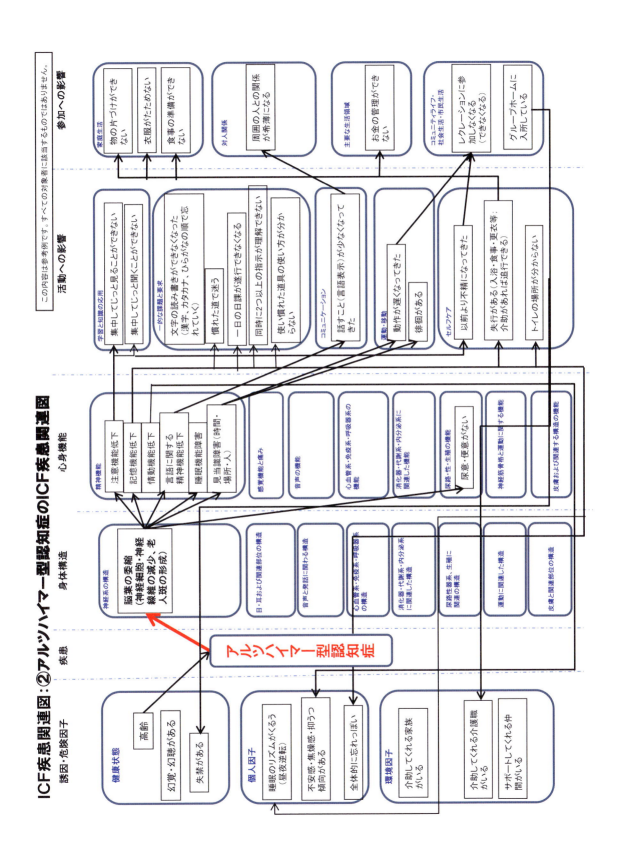

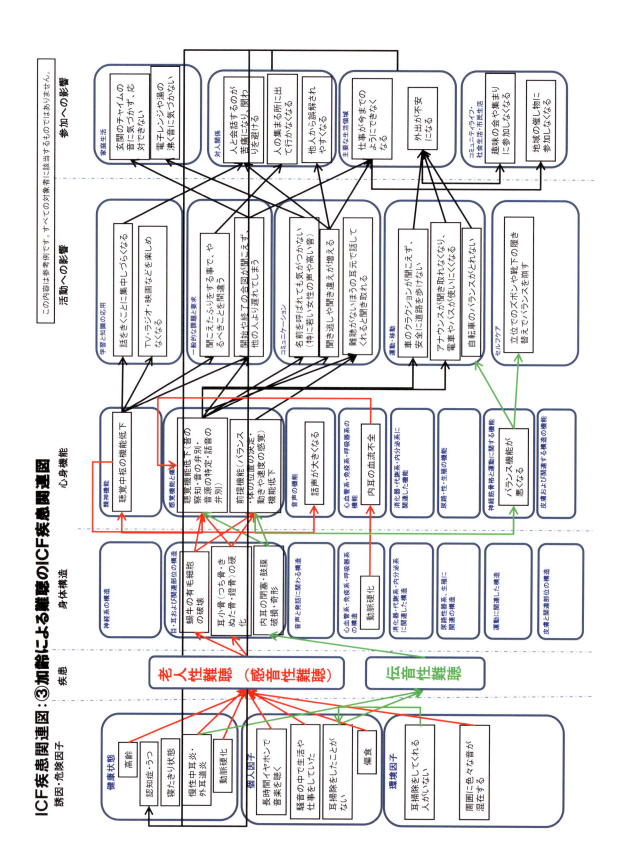

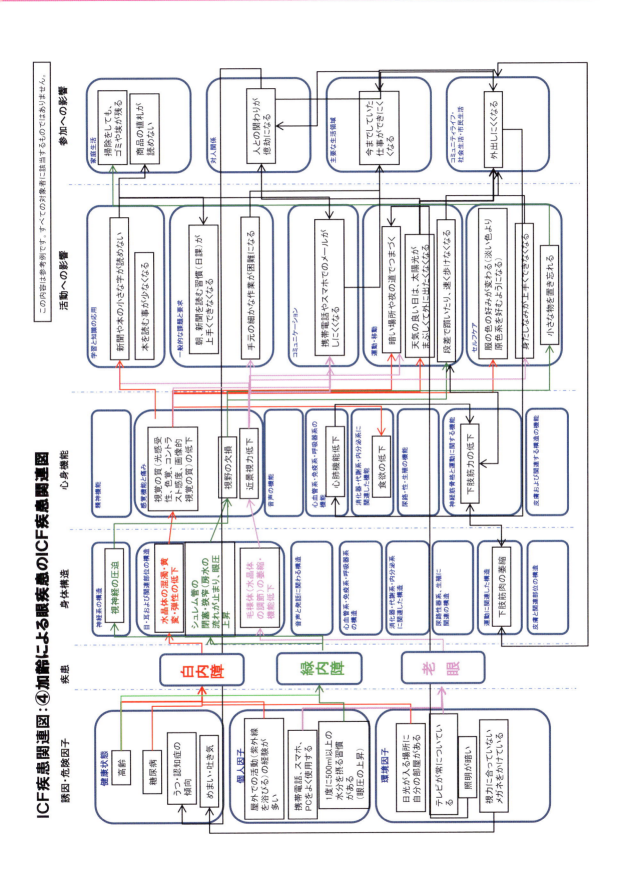

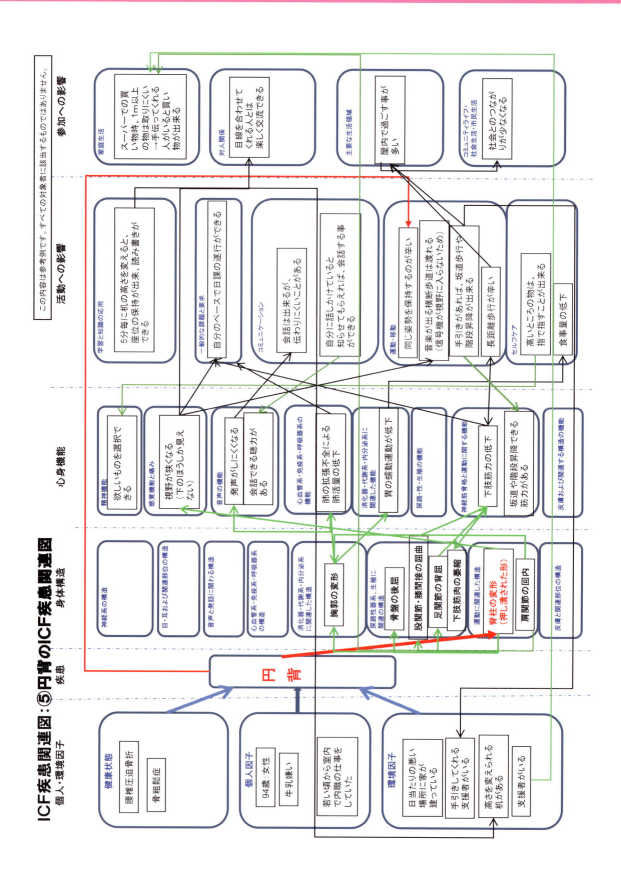

ICF疾患関連図：⑥高血圧・狭心症のICF疾患関連図

この内容は参考例です。すべての対象者に該当するものではありません。

参加への影響

家庭生活
- 買い物に行くのに支援を必要とする
- 家事（掃除、洗濯、調理等）に支援を必要とする

対人関係
- 家に閉じこもっていることが多く、人とかかわることが少ない

主要な生活領域
- 今までの仕事に疲労でできなくなる（職場の理解があれば仕事に復帰ができる）
- 経済生活が困難になる

コミュニティライフ・社会生活・市民生活
- 地域の催しに参加しにくくなる
- 趣味の会に行かなくなる

活動への影響

学習と知識の応用
- 本やテレビを見ているが疲れやすい

一般的な課題と要求

コミュニケーション
- めまい（高血圧の症状でもある）がして転倒しそうになった
- 寝て過ごすことが多くなった

運動・移動
- 坂道と、階段は、休みながらでなければ登れない（坂道や階段が心臓の負担になる）

セルフケア
- 塩分は、制限されている（過剰な塩分は高血圧につながる）
- 風呂は熱い湯が好きで肩まで浸かりたいが、医師から止められている 40℃の湯で、胸までしか入っていない（熱い湯、肩までの入浴は、心臓の負担がかかる）
- トイレでいきんだ時に胸痛が起こった。（排便でいきむと発作の誘因になることが多いのですぐにニトログリセリン（狭心症の薬）を舌下して、治まった

心身機能

精神機能
- 不安・恐怖

感覚機能と痛み
- 胸痛（15分以内で治まる程度）
- 歯や下顎が痛い、肩や腕が凝って痛い（心臓からの放散痛）
- 頭痛
- めまい

音声の機能

心血管系・免疫系・呼吸器系の機能
- 心筋の酸素不足

消化器・代謝系・内分泌系に関連した機能
- 腸の蠕動運動の低下
- 便秘

尿路性器・生殖の機能

神経筋骨格と運動に関する機能
- 運動の制限

皮膚および関連する構造の機能

身体構造

神経系の構造

目・耳および関連部位の構造

音声と発話に関わる構造

心血管系・免疫系・呼吸器系の構造
- 動脈硬化による冠動脈の狭窄
- 血管内のアテローム硬化

消化器・代謝系・内分泌系に関連した構造

尿路性器・生殖に関連した構造

運動に関連した構造

皮膚と関連部位の構造
- 皮下脂肪の増加

疾患

高血圧

狭心症

誘因・危険因子

健康状態
- 糖尿病
- 高脂血症
- 動脈硬化
- 肥満
- 腎臓病

個人因子
- 塩辛いものが好き
- 喫煙・飲酒習慣
- 甘い物や脂物が好き
- 再発作に対する不安や恐怖がある
- ちょっとしたことを気にする几帳面な性格
- 運動習慣がない

環境因子
- 仕事などによるストレスのある環境
- 手軽に水分補給できない環境
- 食事の管理をしてくれる人がいない
- 飲酒や喫煙がしやすい環境
- 坂道や階段のある住環境

ICF疾患関連図：⑦前立腺肥大症のICF疾患関連図

この内容は参考例です。すべての対象者に該当するものではありません。

誘因・危険因子

健康状態

個人因子
- 尿のことで悩んでいる
- 情けないと思っている
- 下のことだから医師以外には誰にも相談したくないと思っている
- 以前から尿が出にくかったが、誰でもあることだと思って受診していなかった

環境因子

疾患
前立腺肥大症

身体構造
- 神経系の構造
- 目および関連部位の構造
- 音声と発話に関わる構造
- 心血管系・免疫系・呼吸器系の構造
- 消化器・代謝系・内分泌系に関連した構造
- 尿路性器系、生殖に関連の構造
  - 前立腺の肥大
- 運動に関連した構造
- 皮膚と関連部位の構造

心身機能

精神機能
- 恥ずかしい思い
- 情けない思い
- 睡眠不足

- 感覚機能と痛み
- 音声の機能
- 心血管系・免疫系・呼吸器系の機能
- 消化器・代謝系・内分泌系に関連した機能

尿路・性・生殖の機能
- 排尿障害
  - 排尿困難・腹圧排尿
  - 尿線途絶・尿勢低下
  - 夜間頻尿
- 残尿がある、残尿感がある
- 切迫性尿失禁がある
- 溢流性尿失禁がある

- 神経筋骨格と運動に関する機能
- 皮膚および関連する構造の機能

活動への影響

学習と知識の応用
- 本やテレビを見ているが尿のことが気になる

一般的な課題と要求

コミュニケーション

運動・移動

セルフケア
- トイレの前に立っても尿が出にくい。（排尿困難の症状）
- 尿がちょろちょろとしか出ない。（尿勢低下の症状）
- 排尿時には、少し腹圧をかける。（腹圧排尿の症状）
- 尿に行きたい感じがずっとある。（残尿感）
- 排尿の途中で尿が途切れる（尿線途絶の症状）
- 気がつかないうちに尿が漏れていることがある（溢流性尿失禁の症状）
- 急に尿意を感じて、すぐに尿が出てしまい、下着が汚れていることがある（切迫性尿失禁の症状）
- 夜間も排尿で3〜4回起きる（夜間頻尿の症状）
- 薬を飲んでいるが回復しない
- 水は飲むように言われるが、あまり飲んでいない

参加への影響

家庭生活
- 買い物に行くが、尿のことが気になり、トイレをすぐに探す
- 下着を汚し、洗濯が多くなる

対人関係
- 家に閉じこもっていることが多く、人とかかわることが少なくなった

主要な生活領域

コミュニティライフ・社会生活・市民生活
- 地域の催しに参加しにくくなる
- 趣味の会に行かなくなる

110

ICF疾患関連図：⑧骨粗しょう症・サルコペニアのICF疾患関連図

この内容は参考例です。すべての対象者に該当するものではありません。

疾患
- 骨粗しょう症
- サルコペニア

誘因・危険因子

健康状態
- 骨粗しょう症（ちょっとしたことで骨折する）
- 体力低下・筋力低下（転倒しやすい）
- 閉経57歳（閉経後のホルモンバランスの崩れにより骨がもろくなっている）

個人因子
- 飲酒：日本酒から5合/日。喫煙20～30本/日。飲酒、喫煙は、骨粗しょう症になる誘因の一つ
- 乳製品・小松菜・小魚は若い頃から大嫌い。（若い頃からのカルシウム摂取不足は骨粗しょう症の要因の一つ）
- 若い頃からあまり屋外で過ごすことがなかった。（紫外線も骨をつくるために大切な要素）
- 年をとってから食欲が落ち、あまり肉や魚を食べなくなった。

環境因子
- 普段生活している場所は、整理整頓は当然としている。（高齢者頃は、転倒の予防につながる）
- 骨折を数回回した人が周りに複数人いる。（周囲の人の影響を受け、また骨折をするのではないかと心配になるので、あまり動かなくなってしまう。動かないと、より転倒しやすくなる）
- 手すりや明るい電燈がある。（転倒予防のための環境がある）

身体構造
- 神経系の構造
- 目・耳および関連部位の構造
- 音声と発話に関わる構造
- 心血管系・免疫系・呼吸器系の構造
- 消化器系・代謝系・内分泌系に関連した構造
- 尿路性器系、生殖に関連した構造
- 運動に関連した構造
  - 骨密度の低下
  - 骨格筋の萎縮
- 皮膚と関連部位の構造

心身機能
- 精神機能
  - 転倒に対する不安がある
  - 動く意欲が低下している
- 感覚機能と痛み
- 音声の機能
- 心血管系・免疫系・呼吸器系の機能
- 消化器系・代謝系・内分泌系に関連した機能
- 尿路性器・生殖の機能
  - 女性ホルモン（エストロゲン）の分泌低下
- 神経筋骨格と運動に関する機能
  - 体幹の筋力低下
  - 下肢筋力の低下
- 皮膚および関連する構造の機能

活動への影響

学習と知識の応用
一般的な課題と要求
コミュニケーション

運動・移動
- 座位や立位の保持が出来なくなる。トイレで座位が保てない、椅子からずり落ちる
- 座位や立位等の体位の保持ができにくくなる
- 今まで歩いていた歩行距離が歩けない
- 歩くスピードが遅くなる。他の人と一緒に歩くと遅れる
- 横断歩道を青信号の間に渡れない
- 階段昇降を避ける（足が挙がりにくい、降りる時に不安定、膝関節が痛む、などのため）

セルフケア
- 今までの仕事（活動）のスピードが遅くなったり、できなくなったりする

参加への影響

家庭生活
- 買い物や掃除、後片付けが困難になる

対人関係
- 「転倒が怖い」と言い、部屋にこもっていることが多い
- 皆と一緒に行動できない

主要な生活領域
- 今までの仕事や活動の時間が短くなる
- エレベーターやエスカレーターがない場所には行けなくなる

コミュニティライフ・社会生活・市民生活
- 今まで得意だった活動ができない
- ひきこもり、寝たきり状態

ICF疾患関連図：⑨糖尿病のICF疾患関連図

この内容は参考例です。すべての対象者に該当するものではありません。

疾患
糖尿病

誘因・危険因子

健康状態
- 肥満

個人因子
- 食べることがすぐに手にする
- 運動が嫌い
- 健康診断で糖尿病の疑いを指摘されたが、放置していた
- 糖尿病の知識がない

環境因子
- 食べるものがすぐに手に入る環境
- 運動ができない環境
- 食事制限を理解して作ってくれる人がいない環境
- 体重や血糖測定の機会がない環境

身体構造

神経系の構造
- 脳血管の動脈硬化

目・耳および関連部位の構造
- 眼球の血管の動脈硬化

音声と発話に関わる構造

心血管系・免疫系・呼吸器系の構造
- 全身の血管の動脈硬化
- 細胞内の糖の減少
- エネルギー産生の低下

消化器・代謝系・内分泌系に関連した構造
- I型：すい臓のランゲルハンス島のβ細胞の破壊
- II型：すい臓の構造に異常はない

尿路性・生殖器系に関連した構造
- 腎臓血管の動脈硬化

運動に関連した構造

皮膚と関連部位の構造

心身機能

精神機能
- 低血糖による脳の機能障害
- 脳梗塞
- 自律神経障害

感覚機能と痛み
- 視力障害（糖尿病性網膜症、糖尿病性白内障）
- 痛みを感じる機能の障害

音声の機能

心血管系・免疫系・呼吸器系の機能
- 心筋梗塞
- 血圧のコントロール低下
- 傷の治癒機能障害
- 免疫機能の低下

消化器・代謝系・内分泌系に関連した機能
- 炭水化物代謝機能の障害

尿路性・生殖器の機能
- 高血糖による利尿作用

神経筋骨格と運動に関する機能
- 運動時のエネルギー不足
- 歩行時の足のしびれ

皮膚および関連部位の機能
- 皮膚の機能障害

活動への影響

学習と知識の応用
- 本や新聞の文字がよく見えず、読むことができない（糖尿病性の眼症状）

一般的な課題と要求
- 運動や食事療法が必要だとわかっているが、（疲れやすいため）なかなか取り組めない

コミュニケーション

運動・移動
- 歩行はできるが、両足部がしびれているので支えなければ転倒しそうになることがある（糖尿病性の神経症状）

セルフケア
- 1日1400kcalの食事制限がある（一定以上の糖を摂ることが糖尿病悪化につながる）
- 一日のトイレの回数が多い（血液中の糖過剰により浸透圧が高く、利尿作用が生じている）
- 陰部が痒くなる（尿の中に糖が出ているため、その刺激で痒みが生じている）
- 入浴などは、疲れやすい（体内の細胞に必要な糖が行き届いていないため、すぐに疲労する）
- のどがよく渇き、一日にコップ10杯以上は水を飲んでいる（血液中の糖過剰により浸透圧が高く、薄めるための水分を身体が求めている）
- 薬を一日3回食事の前に飲んでいる（食事をして血糖値が上がり過ぎないように、食前に飲む薬）
- 冷や汗が出て気分が悪くなることがある（低血糖症状）
- 傷の治りが遅い

参加への影響

家庭生活
- 今まで通りの役割や家事などが、疲労ででき なくなる

対人関係
- 仲間との食事会などで他の人と同じように食べられない

主要な生活領域
- 外出時にも薬の持参が必要
- 外出先での低血糖、高血糖状の心配がある
- 外出による感染症の機会がある

コミュニティライフ・社会生活・市民生活
- 定期的な受診と、投薬の管理が必要になる
- 糖尿病の合併症を自分で気にかけながら生活していく必要がある

※II型糖尿病は、すい臓の構造に異常はないが、すい臓からのインスリン分泌低下・感受性低下（抵抗性増大）により、インスリンの作用が不足しています。

引用文献・参考文献一覧

第1章
引用文献
- ICFイラストライブラリー日本語版 http://www.icfillustration.com/icfil_jpn/top.html （2018年11月25日閲覧）
- 植田章（2004）「知的障害者の加齢とソーシャルワークの課題」60-61頁、高菅出版
- 遠藤貴子著、一番ケ瀬康子監修（1999）「介護福祉ハンドブック45―高齢者の心理」29頁、一橋出版
- 奥野茂代、大西和子編（2014）「老年看護学　概論と看護の実践」第5版、463頁、ヌーヴェルヒロカワ
- 佐藤眞一、権藤恭之編著（2016）「よくわかる高齢者心理学」18頁、28頁、ミネルヴァ書房
- 厚生労働省大臣官房統計情報部（2010）「ICF-CY国際生活機能分類―小児・青少年に特有の心身機能・構造、活動等を包含」厚生統計協会

参考文献
- 山口潔、川野史子、松井秀夫（2016）「看護師・介護士のための解剖生理学―よくわかる高齢者のからだと病気」池田書店
- 越野和之、全障研研究推進委員会編（2018）「発達保障論の到達と論点」全障研出版部
- 高野真一郎（2014）「『これ』だけは知っておきたい高齢者ケアにおける命を守る知識と技術」メディカルパブリッシャー
- 荒井秀典編（2015）「サルコペニアとフレイル～医療職間連携による多角的アプローチ～」医薬ジャーナル社
- 杉山孝博（2013）「イラストでわかる　高齢者のからだと病気」中央法規出版
- 北川公子他著（2016）「系統看護学講座　専門分野Ⅱ　老年看護学」第8版、医学書院
- 菱沼典子（2016）「看護形態機能学　第3版　生活行動からみるからだ」日本看護協会出版会
- 大久保暢子編（2016）「日常生活行動からみるヘルスアセスメント　看護形態機能学の枠組みを用いて」日本看護協会出版会
- 美田誠二（2010）「からだのしくみが目で見てわかる　得意になる解剖生理」照林社
- 小木曽加奈子編著（2015）「高齢者ケアの質を高めるICFを活かしたケアプロセス」学文社
- 大川弥生（2014）「『よくする介護』を実践するためのICFの理解と活用―目標指向的介護に立って」中央法規出版
- 野溝明子（2014）「看護師・介護士が知っておきたい高齢者の解剖生理学」秀和システム
- 公益社団法人日本看護協会編（2013）「介護施設の看護実践ガイド」医学書院
- 山田律子、萩野悦子、内ヶ島伸也、井出訓（2016）「生活機能からみた老年看護過程＋病態・生活機能関連図」医学書院

第2章
引用文献
- 厚生労働省社会・援護局「障害福祉サービスの利用等にあたっての意思決定支援ガイドラインについて」https://www.mhlw.go.jp/file/06-Seisakujouhou-12200000-Shakaiengokyokushougaihokenfukushibu/0000159854.pdf（2019年7月3日閲覧）12頁
- 柴田洋弥（2015）「ノーマライゼーション　障害者の福祉」2015年10月号、意思決定の難しい人へのコミュニケーション支援

- 公益財団法人日本障害者リハビリテーション協会情報センター　障害保健福祉研究情報システム
  http：//www.dinf.ne.jp/doc/japanese/glossary/Empowerment.html（2018年10月10日閲覧）

参考文献
- 日本福祉大学権利擁護研究センター監修（2018）「権利擁護がわかる意思決定支援　法と福祉の協働」ミネルヴァ書房

第3章
引用文献
- ICFイラストライブラリー日本語版http://www.icfillustration.com/icfil_jpn/top.html（2018年11月25日閲覧）
- 大阪障害者センター・ICFを用いた個別支援計画策定プログラム開発検討会編（2014）「本人主体の『個別支援計画』ワークブック－ICF活用のすすめ」かもがわ出版

第4章
引用文献
- 上田敏（2005）「ICF国際生活機能分類の理解と活用　人が生きること、生きることの困難（障害）をどうとらえるか」61頁、きょうされん
- 西村修一（2014）「合理的配慮とＩＣＦの活用　インクルーシブ教育　実践への射程」第2部、62頁
- 大川弥生　ＩＣＦの概念枠組み「生きることの全体像」についての「共通言語」第1回社会保障審議会統計分科会　生活機能分類専門委員会　参考資料https://www.mhlw.go.jp/stf/shingi/2r9852000002ksqiatt/2r9852000002ksws.pdf（2018年11月8日閲覧）
- 大阪障害者センター・ICFを用いた個別支援計画策定プログラム開発検討会編（2014）「本人主体の『個別支援計画』ワークブック―ICF活用のすすめ」73頁、90頁、かもがわ出版
- 黒澤貞夫（2014）「いかに生きるか 深い人間理解の思想があります」月刊ケアマネジメント25巻7号、32-34頁
- フランク・B・ギブニー（1974）「ブリタニカ国際大百科事典　小項目事典」6巻453頁、ティービーエス・ブリタニカ
- 箕岡真子、稲葉一人編著（2012）「高齢者ケアにおける介護倫理」4頁、医歯薬出版
- 石野育子（2006）「介護過程」最新介護福祉全書　第4刷、98頁

参考文献
- 佐藤眞一、権藤恭之編著（2016）「よくわかる高齢者心理学」ミネルヴァ書房

第5章
参考文献
- 日本介護福祉士養成施設協会編（2014）「介護福祉士テキスト2　介護の基本／介護過程」225-236頁、法律文化社
- 大阪障害者センター・ICFを用いた個別支援計画策定プログラム開発検討会編（2014）「本人主体の『個別支援計画』ワークブック―ICF活用のすすめ」17-20頁、26-28頁、71-92頁、かもがわ出版
- 篠崎良勝（2016）「観察・確認領域における介護専門職の専門職性に関する研究」介護福祉教育、40号、49-60頁
- 介護福祉士養成講座編集委員会、久保田トミ子、吉田節子編（2015）「新介護福祉士養成校座9　介護過程第3版」中央法規出版
- 黒田裕子（1994）「わかりやすい看護過程」照林社

第6章
引用文献
- 越野和之、全障研研究推進委員会編（2018）「発達保障論の到達と論点」111〜112頁、全国障害者問題研究会出版部

巻末資料
参考文献
・美田誠二（2010）「からだのしくみが目で見てわかる　得意になる解剖生理」照林社
・野溝明子（2014）「看護師・介護士が知っておきたい高齢者の解剖生理学」秀和システム
・山田律子、萩野悦子、内ヶ島伸也、井出訓（2016）「生活機能からみた老年看護過程＋病態・生活機能関連図」医学書院

あとがき

　私たち「ＩＣＦを用いた個別支援計画策定プログラム開発委員会」は、2014年に『本人主体の個別支援計画ワークブック』を出版し、それを活用しながら、各種研修会や現場での支援計画づくりをサポートしてきました。

　本書の出版目的は、先のワークブックを更に補強することと合わせ、進む障害者の高齢化や「意思決定支援」への取り組みなど、現場の支援課題に対応できるよう補強されたものです。基本的なＩＣＦの考え方の理解については先のワークブックに記載されていますので、合わせて活用していただけるようお願いします。

　ＩＣＦは、2001年にＷＨＯで採択され、その後児童期に特化したＩＣＦ－ＣＹも配信されました。これまでのＩＣＩＤＨでは、「心身機能／身体構造に影響を受けた生活機能の障害、それが社会的不利につながる」という一面的な障害の捉え方しかできていませんでした。ＩＣＦは、心身機能／身体構造・活動・参加の３つのレベルで人間の「生活機能」を捉え、その一部に「障害」を位置づけました。また背景因子（環境因子・個人因子）も生活に影響を及ぼすものとして重要視しました。その結果として、例えば、バリアフリー等の環境改善が生活にプラスにはたらくことを客観的に評価できるようになったのです。

　ＩＣＦでは個人の「生活のしづらさ」を客観的にとらえ、支援の内容を明確にしていくことを目的としており、以下のような役割を果たすものとして期待されています。

○障害や疾病を持った人や、その家族、保健・医療・福祉等の幅広い分野の従事者が、ＩＣＦを用いることにより、障害や疾病の状態について共通理解を持つことができる。
○様々な障害者に向けたサービスを提供する施設や機関などで行われるサービスの計画や評価、記録などのために実際的な手段を提供することができる。
○障害者に関する様々な調査や統計について比較検討する標準的な枠組みを提供することができる。

　障害者権利条約の批准国となった日本が、今後、諸制度の検証や支援における課題を明確にしていく上で、ＩＣＦ活用の意義は極めて高いものといえます。ＩＣＦが本人中心型支援の意義をふまえたツールとして活用される意義は極めて大きいものです。しかし、個人の抱える生活の困難さを理解するためには、障害別の特性、発達段階、認知症等の疾患の理解も並行して学習していくことが必要です。支援者側の思いを押し付けるような支援計画から脱却し、本人が納得し主体的に支援を受けるための計画が今求められています。

あとがき

　本書では、事例に高齢者支援のケースも加え、障害分野にとどまらず高齢者の分野でも、活用できる内容になっています。加齢による心身機能/身体構造の変化の特徴をできるだけわかりやすく、第2章に「基礎的知識」として掲載しました。これは、障害者の高齢化の課題を考える時、加齢によって心身機能/身体構造が大きく変化することを支援者が理解しておくことの重要性を示したものです。

　ICFを活用した支援計画では、当事者の主観的体験から具体的なニーズを導き出し、当事者の意思決定を支援するプロセスの足がかりとなります。このような意義から、本書が支援の現場で積極的に活用されることを願ってやみません。

　ICFの理解・説明にあたって「ICFイラストライブラリー日本語版」（イラストのコピーライト＝国際医療福祉大学・高橋泰氏）を活用させていただきました。御礼を申し上げます。

NPO大阪障害者センター

〒558-0011
大阪市住吉区苅田5-1-22
TEL 06-6697-9005

ICFを活用した介護過程と個別支援計画

2019年8月20日　第1刷発行

編著者　ⓒNPO大阪障害者センター・ICF
　　　　を用いた個別支援計画策定プログラム
　　　　開発検討会
発行人　竹村正治
発行所　株式会社　かもがわ出版
　　　　〒602-8119 京都市上京区堀川通出水西入ル
　　　　TEL 075(432)2868　FAX 075(432)2869
　　　　ホームページ http://www.kamogawa.co.jp
印刷所　新日本プロセス株式会社

ISBN978-4-7803-1028-3 C0036

本人主体の「個別支援計画」ワークブック

ICF活用のすすめ

大阪障害者センター・ICFを用いた個別支援計画策定プログラム開発検討会 編

人が生きることの全体像に迫る医療・看護・介護・福祉の教頭言語ICF（国際生活機能分類）を現場で活用するためのやさしい手引き。

好評5刷

ISBN978-4-7803-0672-9 C0036
本体2,200円＋税